03.12.2019

FÜR EINE GÖTTIN!!!

Thomas Maurer · Robert Palfrader · Florian Scheuba

WIR STAATSKÜNSTLER

UND WAS FÜR EINE!

Thomas Maurer · Robert Palfrader · Florian Scheuba

WIR STAATSKÜNSTLER

DAS BUCH ZUM STAAT

ueberreuter

Bildnachweis
Heribert Corn: S. 11.
First Look/picturedesk.com: S. 34, 35, 36, 39, 40, 41, 42, 43, 44, 46, 47, 48, 49, 50, 52, 53, 54, 57, 59, 64, 65, 67, 70, 71, 72, 73, 74, 75, 76, 77, 78, 79, 81, 82, 83, 84, 85, 86, 87, 89, 90, 92, 96, 97, 98, 99, 100, 103, 105, 109, 114, 115, 118, 120, 121, 122, 123, 124, 128, 129, 130, 131, 133, 135, 139, 141, 142, 143, 145, 146, 147, 148, 149, 158
ORF/Jan Frankl/picturedesk.com: S. 159
PULS 4/„Wir Staatskünstler – Aschermittwoch“: S. 151
Rabenhof/Jan Frankl: S. 13, 69, 107, 156
Pauline Scheuba: Grafiken S. 14, 22, 23, 26, 27, 28, 29, 30, 60, 61, 62, 63, 150

1. Auflage 2019

ISBN 978-3-8000-7733-5

Covergestaltung: Saskia Beck, s-stern.com
Gestaltung Vor- und Nachsatz: Pauline Scheuba
Coverfoto: Ingo Pertramer
Foto U4: Sabine Klimpt
Lektorat: Marina Hofinger
Satz: Saskia Beck, s-stern.com
Druck und Bindung: Finidr s. r. o.
www.ueberreuter-sachbuch.at

INHALTSVERZEICHNIS

WIE DIE STAATSKÜNSTLER GEBOREN WURDEN

Eine Erinnerung von Florian Klenk

Am Tag nachdem die Vorlesung vorbei und die drei Staatskünstler ihren allerersten Auftritt absolviert hatten – am 17. Januar 2011 im Auditorium Maximum, dem größten Hörsaal der Universität Wien –, schrieb Falter-Herausgeber Armin Thurnher, im johlenden Gelächter des Audimax habe „ein betrogenes Gemeinwesen sein Recht eingefordert, wie es das seit den Komödien des antiken Athen, den Fastnachtsspielen des Mittelalters getan hat, wo man theatralisch für einen Tag unterst zuoberst kehrte". Auf schlichte Weise sei sogar Schillers überzogener Anspruch „der Schaubühne als moralische Anstalt eingelöst" worden. Denn „die Leute johlten nicht (nicht nur) höhnisch, sie lachten vielmehr staunend, dass das möglich sei, dass das alles geht, und vielleicht mit einer Ahnung, dass sie selber ihren Anteil daran haben, ob es so geht oder anders".

Tausende Menschen strömten an insgesamt zwei Abenden ins Audimax und tausende weitere standen vor den Toren des Hörsaals, bis hinaus zur Ringstraße drängten sie sich. Sie alle wollten hören, was der ehemalige Finanzminister Karl-Heinz Grasser, sein Trauzeuge und Lobbyist Walter Meischberger und Grassers väterlicher Freund, der Immobilientycoon Ernst Plech, am Abend vor ihrer polizeilichen Einvernahme am Telefon und via Skype besprochen hatten, wie sie sich absprachen und wie sie der Polizei offenbar falsche Fährten legen wollten. Die Polizei hatte die Gespräche mitgeschnitten und mir lagen die Protokolle vor.

Die Leute wollten aber nicht nur den originalen Wortlaut der Mauscheleien der Machthaberer hören, sie wollten ihn vorgetragen wissen – von drei der besten Kabarettisten, Thomas Maurer, Robert Palfrader und Florian Scheuba, die sich an diesem Abend als „Staatskünstler" erstmals gemeinsam auf der Bühne formierten, um die mittlerweile zum Kulturgut avancierten Worte „Wo war mei Leistung?", „Da bin ich jetzt supernackt!" zu intonieren.

Die Bühne, auf der sie spielten, war aber in Wahrheit gar keine „Bühne", sondern sie war das Zentrum des heimischen Wissenschaftsbetriebs und der Veranstalter der Lesung war kein mutiger Theaterzampano (einige Angefragte hatten sich angesichts des wagemutigen Projekts in die Hose gemacht und bleiben deshalb anonym), sondern Gastgeber war der damalige Dekan der rechtswissenschaftlichen Fakultät, der Citoyen und Verfassungsrechtler Heinz Mayer.

Eine Allianz aus Journalismus, Wissenschaft und Kabarett trat hier also vor die Massen, um die Hinterbühne der Republik auszuleuchten, es war ein juristisch, künstlerisch und investigativjournalistisch einzigartiger Abend und die Geburtsstunde eines Kabarett-Trios, das nicht nur die Affäre Grasser zu inszenieren versteht.

Wie kam der Abend aber zustande?

Seit 2002 recherchiere ich über die dubiosen Geschäfte und GschaftlerIn von Grasser, Meischberger und Plech. Immer wieder gab es Hinweise auf Korruption und Vetternwirtschaft im Finanzministerium. Als dann, Ende 2009, im Nachhall der Banken- und Finanzkrise, die Buwog-Affäre platzte, – ein Kriminalfall rund um den Verkauf von 60.000 Staatswohnungen, bei denen die drei Freunde gemeinsam mit einem Lobbyisten zehn Millionen schwarz kassiert haben sollen –,
wurde auch den meisten Grasser-Fans klar, dass ihr Idol ein Schattenleben führte. Über zypriotische Briefkastenfirmen und im Handkoffer wurden vermutliche Schmiergelder schwarz an Grassers Freunde verschoben – und laut Staatsanwaltschaft auch an ihn selbst (der Minister und seine Freunde bestreiten, der Strafprozess ist immer noch anhängig).

Wie auch immer das Verfahren ausgeht: Der Verkauf des Staatseigentums ist und bleibt ein Staatsskandal. Denn ein Minister, der sich supersauber gab, so der Verdacht, hat zu verantworten, dass seine FreunderIn mitschneiden konnten. Jetzt auf einmal war er „supernackt", der einstige Haider-Zögling, der so gerne ÖVP-Chef hätte werden wollen.

Doch es geschah, was so oft geschieht bei Affären: Irgendwann verlor die Öffentlichkeit das Interesse. Irgendwann wurden die Nebelmaschinen der PR-Industrie so heftig angeworfen, dass niemand mehr den Durchblick hatte.
Die Kronen Zeitung stellte sich auf Seiten Grassers. Und er selbst sprach von einer wildgewordenen Justiz.

Und so schmiedete ich in den Winterferien 2010 einen Plan: All die Telefonprotokolle und Akten, die mir zugespielt wurden, mussten dem Volk zur Kenntnis gebracht werden. Und zwar auf völlig neue Art, so, dass niemand sie mehr vergessen konnte. Mit Humor, so dachte ich, sind die Fakten leichter zu verstehen.

Zuerst gab es eine rechtliche Hürde zu überwinden: Der Abdruck von Telefonüberwachungsprotokollen ist nach unserem Mediengesetz verboten und entschädigungspflichtig. Bis zu 100.000 Euro Geldbuße sieht das Gesetz vor.
Es sei denn, ein Mitglied des Nationalrats verliest die Papiere im Parlament. Nachdem sich die SPÖ weigerte, die Protokolle durch eine parlamentarische Anfrage zu immunisieren (auch ihr Berater und Vertrauter, der mittlerweile verstorbene rote Porr-Manager Horst Pöchhacker kam ja in den Protokollen als Beschuldigter vor), übernahm

die Grünen-Abgeordnete Gabriela Moser den ehrenvollen Job. Ein tosender Applaus des Audimax war der Dank für die (mittlerweile verstorbene) Politikerin.

Als Mosers Anfrage eingebracht war, stellten wir die Protokolle ins Internet und publizierten sie im Falter, ich wollte sie aber eben auch für die Öffentlichkeit inszeniert haben. Da einige Theatermacher kein Interesse bekundeten, fragte ich meinen ehemaligen Verfassungsprofessor, Heinz Mayer, und der sagte ohne zu zögern zu. Sein Team reservierte das Audimax, auf Facebook meldeten sich etwa 5000 Leute für die „Vorlesung aus österreichischem Realverfassungsrecht" an und schon bald mussten wir Zählkarten ausgeben, weil der Platz nicht annähernd ausreichte – auf YouTube haben bis heute mehr als 100.000 Menschen die Lesungen gesehen.

Zur Premiere kam die Prominenz der Stadt: Politiker, Juristen, Schauspieler, Staatsanwälte. Grassers Anwalt Manfred Ainedter war da, ganz hinten saßen aber auch Vertreter der Kriminalpolizei, die die Protokolle so detailverliebt verschriftet hatten, als wären es H. C.-Artmann-Gstanzln. Und es saßen wohl auch Grassers Medienanwälte im Saal, die aufpassten, dass wir auch kein Wort veröffentlichen, das nicht im Parlament immunisiert worden war. Und mein Informant, der war inkognito auch da. Er bekam einen Extra-Applaus.

Die Masse johlte, die Fotografen bestürmten die Staatskünstler, auf der Bühne saßen Studierende, die keinen Platz ergattern konnten. Es war ein Happening und die Leute lachten sich frei. Noch heute kann man das politische Schaustück im Netz sehen. Es wurde Licht in der Republik, man sah, wie hinter den Polstertüren der Politik gemauschelt und wie sich Verdächtige verabreden konnten und dennoch nicht in U-Haft wanderten. Der Abend war Aufdeckungsjournalismus und Enthüllungskabarett zugleich. Die Universität war auf einmal wieder ein politischer Ort.

Die Staatskünstler und mich verbindet seit diesem Abend eine Freundschaft. Immer wieder bitten sie mich um geheime Dokumente, die sie in ihren Shows veröffentlichen. Und mittlerweile haben sich die drei als investigative Satiriker einen Namen gemacht. Kaum jemand kennt die Tiefen der Eurofighter-Gegengeschäfte, der Pröll-Stiftung und der Glücksspiel-Scheinrechnungen besser als die drei Staatskünstler. Würden sie heute in die Redaktionsstuben wechseln, sie würden die besseren Aufrisse über diese Republik schreiben.

Florian Klenk, geb. 1973, ist Jurist und Chefredakteur des Falter. Gemeinsam mit anderen Kollegen deckte er den Fall Grasser auf.

DAS BUCH ZUM STAAT

Es ist Mitte August 2019 und wir Staatskünstler schwitzen. Schuld daran sind weder der speziell heiße Sommer noch der generelle Klimawandel, sondern zwei FPÖ-Politiker, die auf Ibiza mit einer absurden Glock-Pistolen-Pantomime ihre eigene Partei umgenietet haben („umnieten“ erscheint uns angesichts der beiden Herren ein in mehreren Bedeutungen zutreffender Begriff zu sein) und dadurch Neuwahlen ausgelöst haben.

Das geschah zu einem Zeitpunkt, als wir Staatskünstler bereits die Grundzüge unseres neuen Programms erarbeitet hatten, dessen erste Vorführungen Ende September stattfinden werden.
Also genau dann, wann jetzt die Wahl sein wird. Und uns keine andere Wahl lässt, als alles umzuschmeißen.
Wir müssen daher unsere schönen Vorarbeiten ins Archiv räumen (in der Hoffnung, irgendwann später auf sie zurückgreifen zu können) und dürfen beim Programmschreiben wieder von vorne beginnen.

Nur der Titel des Programmes bleibt.
Er lautet: „Jetzt erst recht!“. Die ersten neuen Texte sind bereits fertig und vier davon eröffnen auch dieses Buch. Ein Buch, in dem wir Bilanz ziehen über die letzten acht Jahre. Es enthält Protokolle, Dialoge und Szenen aus unseren TV- und Bühnen-Shows, die für Aufregung, Erstaunen und Erheiterung gesorgt haben und deren Auswirkungen manchmal auch abseits des Kabaretts feststellbar waren.

Danke an alle – und ganz speziell an Florian Klenk, Ashwien Sankholkar und den unvergessenen Kurt Kuch –, die mit ihrer investigativen Arbeit uns dabei geholfen haben, Aussagen und Sachverhalte öffentlich zu thematisieren, die von anderen lieber unter den Teppich gekehrt werden.
Warum wir das machen? Weil wir auch Bürger dieses Staates sind und uns dieser Staat nicht wurscht ist. Und weil wir finden, dass irgendwer das machen muss.

Deshalb danke auch an Sie, liebe Zuschauerinnen und Zuschauer im Theater (danke auch an unser Stammhaus, den Rabenhof) und vor den Bildschirmen, dass Sie uns und unserem Bemühen, die manchmal durchaus komplexen Sauereien in dieser Republik mit den Mitteln der Satire auf den Punkt zu bringen, Ihre Aufmerksamkeit geschenkt haben und weiterhin schenken.
Im konkreten Fall als Leserinnen und Leser unserer erstmals als Buch vorliegenden Texte, die Sie natürlich auch gerne zu Hause nachspielen können.

Wir wünschen viel Freude
bei der Lektüre!
Thomas Maurer, Robert Palfrader und
Florian Scheuba

www.wirstaatskuenstle

ERKLÄR MIR SEBASTIAN

FLORIAN:
Eine Frage, die uns dauernd gestellt wird, lautet:

ROBERT:
Ich mein, der Kurz ...

THOMAS:
Ja?

ROBERT:
Na ja ... oida!!??

THOMAS:
Ja, da gibt es verschiedene Erklärungen.

FLORIAN:
Zum Beispiel die astrologische: Kurz wurde geboren am 27. August 1986, ist also Jungfrau, Aszendent Haider. Der Halbmond wanderte bei seiner Geburt aus dem ersten Haus direkt ins Waldheim.

THOMAS:
Im Baumkreiszeichen ist er Schwamm.

ROBERT:
Eine andere Erklärung lautet: Er ist ein Mutant. Konkret ein X-Man.

THOMAS:
X-Men sind Kinder von Menschen, die aufgrund einer genetischen Mutation übermenschliche Tei leistungsstärken haben. Also, die können fliegen oder durch Wände gehen oder ohne Smartphone überleben.

FLORIAN:
Und der Basti hat die Fähigkeit, dass alle alles in ihn hineinprojizieren können, ohne dass er irgendwas dafür tun muss. Drum heißt er als X-Man „Projekto".

ROBERT:
Sein Geburtsjahr 1986 erklärt die Mutation: Da ist Tschernobyl explodiert und gleichzeitig ist die längste Absenz der ÖVP in einer österreichischen Regierung gerade zu Ende gegangen.

THOMAS:
Projekto trägt einen Schutzhelm aus Menschenhaar, das mit Adamantium-Gel zusammengeschweißt ist, und der, ähnlich wie die Helme von Professor Xavier und Magneto, seine Kräfte enorm steigert. Der Helm selbst schützt ihn vor falschen Gedanken, die integrierten Ohren braucht er, um die Stimme des Volkes in allen Nuancen zu hören.

ROBERT:
So wie alle X-Men ist auch der Projekto zufällig auf seine Fähigkeit selber draufgekommen.

FLORIAN *(der davor einen Basti-Helm samt Ohren aufgesetzt hat)*:
Ja, ich war an sich ein ganz normaler Teenager, also schon geil und alles, aber eigentlich ein JVP-ler wie alle anderen auch. Dass ich besondere Fähigkeiten hab, da bin ich eigentlich zufällig draufgekommen, weil nämlich ich hab meine Lateinhausübung nicht gemacht gehabt und der Herr Fesser hat mich gfragt:

THOMAS *(als Professor)*:
Na, Herr Sebastian, hamma die Hausübung g'macht?

FLORIAN *(als Basti)*:
Und ich hab gsagt: „Oh ja, voll …
Und während ich noch überleg, wie ich mich aus diesem, ich muss ganz ehrlich sagen, Pallawatsch wieder rausred, also, ich wollt eigentlich grad sagen: „Lassen Sie mich bitte ausreden, ich hab Sie auch ausreden lassen", da sagt auf einmal der Herr Fesser:

THOMAS *(als Professor)*:
Und wie gut auch noch! Eins plus mit Sternderl. Ihr anderen Nebochanten nehmt's euch ein Beispiel.

FLORIAN *(als Basti)*:
Und ich hab mir gedacht, ganz ehrlich, pfah, das is ja irgendwie echt … praktisch.

ROBERT:
Und der Sebastian – oder vielmehr: Projekto – ist natürlich erst noch dabei, den vollen Umfang seiner Kräfte zu erforschen, aber er ist doch schon so weit, dass er gelernt hat, wie er durch bloßes Verschränken der vorderen Glieder seiner Finger seine Kraft von 31,5 auf über 40 Prozent steigern kann …

FLORIAN *(als Basti)*:
Und da sag ich ganz ehrlich, es ist einerseits schön und macht mich stolz, wenn ich so in Tausende weit aufgerissene Augen schaue, in denen sich absolut nichts spiegelt außer mir, aber es ist manchmal auch für mich frustrierend, dass ich diesbezüglich noch immer nicht bei 100 Prozent bin, weil das ja doch für alle am besten wär. Und da möchte ich sowohl als gläubiger Christ als auch als überzeugter X-Man die Heilige Schrift zitieren, nämlich das Evangelium nach Stan Lee: „Aus großer Kraft erwächst auch große Verantwortung."

THOMAS:
Ah ja, und da sind wir gleich bei einem anderen Erklärungsansatz, der das Phänomen Sebastian Kurz als alttestamentarische Prophezeiung sieht. Demnach kommt der Name Basti von einem Bastkorb, in dem der Kurz gefunden wurde.

ROBERT:
Und zwar wurde der ang'schwappt am Donaukanal beim Raiffeisengebäude.

FLORIAN:
Danach hat er dann das Volk von den sieben sozialistischen Plagen befreit. Also: Kreisky, Sinowatz, Vranitzky, Klima, Gusenbauer, Faymann und Kern.

ROBERT:
Dann hat er das Rote Meer geteilt. Nämlich in Bobo-Bezirke und Außen-Bezirke.

THOMAS:
Und daraufhin ließ er das Rote Meer in sich selbst ersaufen.

ROBERT:
Dann hätte er nur noch sein Volk ins Gelobte Land führen müssen. Und da hat er g'sagt:

FLORIAN *(wieder mit Helm als Basti)*:
Ich bin zwar ur-jung und voll geil, aber wer weiß, ob ich das noch erleb.

ROBERT:
Und dann ist ihm die Erleuchtung gekommen.

FLORIAN *(als Basti)*:
Liebe Wählerinnen und Wähler! Wahrlich ich sage euch, wo das Gelobte Land ist. Wir sind schon da. Es ist nämlich immer dort, wo ich bin. Super, oder?! Wer es aber fassen kann, der fasse es.

THOMAS:
Mittlerweile ist Kurzology eine staatlich anerkannte Glaubensgemeinschaft. Aber der Sebastian selber hat trotzdem für alle anderen Religionen ein offenes Ohr.

ROBERT:
Für Aufregung hat da ja gesorgt, wie er vorigen Sommer in der Wiener Stadthalle war bei den Satanisten.

Thomas gibt unverständliches satanisches Thrash-Metal-Gegurgel von sich, Robert übersetzt.

ROBERT:
Wir beten für Sebastian.
Satan, wir danken dir.
Wir danken dir für dieses aalglatte Bürschchen.
Denn er ist nicht einfach nur ein kleiner Teufelsroller. Er ist ein ausgekochter Satansbraten.
Luzifer, du unser Lichtbringer, hast uns mit Sebastian vielleicht nicht die hellste Kerze auf der Torte geschickt. Aber in Zeiten des Klimawandels muss auch das Feuer der Hölle ab und zu auf Sparflamme lodern. Es reicht jedenfalls, damit Sebastian auch in Zukunft deinen Feinden heimleuchten wird.

FLORIAN *(als Basti)*:
Satan, ich bin nicht würdig, dass ich übernehme dein Fach, aber gib mir ein g'scheites Wording und meine Seele ist mir wurscht.
Denn mein ist die Stabilität und die Veränderung und das Gegenteil davon in Ewigkeit. Aus! Schluss!

ALLE:
Basti!

DER REGENSCHUTZBUND

FLORIAN:
Eine Frage, die uns auch oft gestellt wird, lautet:

ROBERT:
Ich mein, die Roten ... hah ... oder?

THOMAS:
Wos „hah"?

ROBERT:
Na, i mein, des derf ja ollas ned wahr sein, was is mit die?

FLORIAN:
Und dann antworten wir: „Die SPÖ erinnert uns an eine Firma, die Regenschirme herstellt, aber immer weniger verkauft. Und das, obwohl es immer stärker regnet."

(Lichtwechsel.)
(Die drei Staatskünstler als Aufsichtsräte an einem Konferenztisch.)

ROBERT:
Meine Herren, ... ja, die Damen sind, eh scho wissen, mitgemeint, als leitende Mitarbeiter unserer Firma „Der Regenschutzbund" kennen Sie die bewegte Geschichte unseres 1889 in Hainfeld gegründeten Unternehmens. Es gab unvergessliche Höhepunkte, ich erinnere an unsere legendäre Blütezeit in den 70er-Jahren, als unser Werbeslogan „Ein Stück des Weges im Regen gemeinsam mit unserem Schirm gehen" tatsächlich viele Menschen dazu gebracht hat, ein Stück des Weges im Regen gemeinsam mit unserem Schirm zu gehen.
Es gab aber auch Tiefpunkte. Ich erinnere an: Jetzt. Wir verkaufen von Jahr zu Jahr immer weniger Schirme. Frage an die Runde: Woran liegt das?

FLORIAN:
Ich glaube, wir haben unsere Inhalte nicht ausreichend kommuniziert.

ROBERT:
Welche Inhalte?

FLORIAN:
Die Inhalte unserer Lagerhallen, wo die unverkauften Regenschirme liegen.

THOMAS:
Also, ich würd sagen: Schuld sind: die Globalisierung, die Digitalisierung, die Robotisierung, überhaupt die ganzen Sierungen.

FLORIAN:
Ja, seh ich genauso. Damit hätt ma das geklärt. Ich würd sagen, Sitzung beendet. Wir lassen ein Protokoll schreiben und das können wir ja bei der nächsten Sitzung verlesen.

(Florian und Thomas wollen aufstehen.)

ROBERT:

Tut mir leid, aber Einspruch. Es gibt nämlich noch einen Aspekt, den wir nicht außer Acht lassen sollten, nämlich dass es seit 1989 durchgehend regnet. Seit damals sorgt das Tief Maggie von den Britischen Inseln für konstante Niederschläge. Eine Tatsache, die sich auf den Geschäftserfolg einer Regenschirmfirma nicht zwingend negativ auswirken sollte. Deshalb haben wir heute auf der Tagesordnung nach Punkt 1 „Bilanz" noch einen Punkt 2 angesetzt, nämlich „Lösungen".

(Florian und Thomas lassen sich erschöpft wieder nieder.)

FLORIAN:

Ja, wär jetzt nicht mein primäres Anliegen gewesen. Aber, bitte, soll sein.

THOMAS:

Die Frage ist: Wie kann man den Menschen bewusst machen, dass ein Schirm bei Regen nützlich sein könnte? Das ist kommunikativ eine Herkulesaufgabe.

FLORIAN:

Also am Design liegt es sicher nicht. Früher waren alle unsere Schirme rot, was aber nicht die Diversität unserer Gesellschaft widerspiegelt, weshalb es absolut notwendig war, da auf farblos umzustellen.

THOMAS:

Mit den verschiedenen Modellen der letzten Jahre haben wir kein Glück gehabt. Der Slim-Fit-Schirm hat ebenso wenig funktioniert wie der aktuelle Damen-Knirps.

FLORIAN:

Ja, da war die Werbelinie schlecht. Wer kauft schon einen Schirm aus Mitleid? Da kannst noch so viele Inserate schalten.

ROBERT:

Meine Herren! Es regnet durchgehend. Wir sind die einzige Regenschirmfirma im ganzen Land und verkaufen trotzdem immer weniger Regenschirme. Warum???

FLORIAN:

Es liegt am Zeitgeist. Der sagt: Das freie Spiel der Niederschläge muss gewährt werden. Wer nass wird, hat's nicht anders verdient. Erst, wenn alle nass werden können, hört's irgendwann zum Regnen auf.

THOMAS:

Das haben wir ja auch versucht! Auf diesen Trend aufzuspringen. Erinnert's euch: Der dritte Weg durch den Regen. Da hat's g'heißen: Wir müssen den Leuten sagen, Ihr braucht's kan Schirm, dann kaufen's uns die Schirme wieder ab.

ROBERT:

Hat leider nicht funktioniert.

THOMAS:

Na, Moment. Die Message hat sich vermittelt. Schirme hamma halt leider keine verkauft.

FLORIAN:
Und jetzt macht uns noch ein anderer Zeitgeist Probleme. Der sagt: Bei den Migranten sind viele Regenmacher dabei; das Wetter kommt von der Ostküste; Regenwolken sind an der Grenze aufzuhalten, Österreich muss wieder Wetterscheide werden.

THOMAS:
In Israel regnet's nie oder in Afrika – und warum? Weil's uns die Hurenkinder übern Schädel leeren.

FLORIAN:
Also, entschuldige!

THOMAS:
Ja, ich weiß, das darf man heute nicht mehr sagen, weil sonst heißt es, du hast Hurenkind g'sagt.

ROBERT:
Also, meine Herren. Wie lösen wir das Problem?

FLORIAN:
Vielleicht liegt es am Produkt Regenschirm. Das ist für viele einfach zu kompliziert.

THOMAS:
Na ja, gut, sicher ...
du musst ihn halten ...

FLORIAN:
... mit der richtigen Seiten nach oben ...

THOMAS:
... dann dieses Führungsringerl raufschieben ...

FLORIAN:
... und zwar bis es einrastet, das hab i a lang net verstanden und mich totg'ärgert ...

THOMAS:
... und wennst dann alles endlich beinander hast, kommst drauf, du bist no daham und kommst nimmer durch die Tür mit dem Scheißdreck.

FLORIAN:
Frage nicht. I sag dir ehrlich, i bin so weit, i geh am liebsten gar nimmer ausse.

THOMAS:
Wann's nach mir gingert, i sitzert überhaupt nur mehr daham in der Infrarot.

FLORIAN:
Apropos „Daham“: Woll ma uns ned schön langsam zampacken?

ROBERT:
Und was is jetzt mit die depperten Schirm?

THOMAS:
Wart ma amal am Sommerschlussverkauf, vielleicht wird ja des was, und sonst setz ma uns halt wieder zam.

DAS KORRUPTIONSGÜTESIEGEL

THOMAS:
Es hat immer geheißen, eine der Grundlagen der Republik Österreich ist die Opferthese. Österreich sei das erste Opfer des Nationalsozialismus gewesen. Das gilt mittlerweile als umstritten. So wie die Theorie, Richard Lugner sei ein Opfer der Society-Berichterstattung.

FLORIAN:
Außerdem gibt es längst eine neue Opferthese. Die besagt, dass Österreich schon wieder Opfer einer Invasion aus Deutschland wurde. Konkret Opfer einer Schmiergeld-Invasion im Zuge des Eurofighter-Kaufs.

THOMAS:
Der Waffenlobbyist Alfons Mensdorff-Pouilly hat es auf den Punkt gebracht. Er hat erklärt, warum sich Österreich für den Eurofighter entschieden hat, nämlich:

ROBERT *(als Mensdorff-Pouilly)*:
Im Anschluss an aggressive Zahlungen von Erfolgsprämien an wichtige Entscheidungsträger.

THOMAS:
Wie darf man sich so eine aggressive Zahlung vorstellen?

FLORIAN:
Ein bissl kennt man sowas eh. Du bist schon erwachsen und hast selber Kinder und stehst mitten im Leben und trotzdem will dir deine Taufpatin, die Tante Fini, zum Geburtstag einen Fuffziger zustecken. Und du sagst natürlich:

THOMAS:
Na geh, bitte, Tante Fini, das ist echt nicht …

FLORIAN:
Und die Tante Fini sagt:

ROBERT:
Jetzt tu net so deppert herum, i gib's ja gern, ihr Jungen habt's es auch net leicht, geh her, da hast …

FLORAN:
Und du sagst:

THOMAS:
Nein, echt, Tante Fini, das ist total nett, aber ich kann doch von dir kein Geld nehmen …

FLORIAN:
Und dann sagt der Gatte von der Tante Fini, der Onkel Horstl, der früher im Rotlichtmilieu gearbeitet hat:

(Robert als Onkel Horstl packt Thomas an der Gurgel.)

ROBERT:
Du Hurnkind nimmst jetzt den Fuffzga von da Tante Fini, sonst hab i di am

Kragen und drah i dir die Huastn ob. Net strapazier mei Geduld, Gschissener. Steck's ei, sunst mach i di auf wia a Goatntiarl und häng da dein Darm um wie die Hawaii-Pludern.

FLORIAN:
Ist uns doch allen schon einmal so oder ähnlich passiert.

THOMAS:
Auf jeden Fall ist es wichtigen Entscheidungsträgern bei ÖVP, SPÖ und FPÖ so gegangen. Die wurden so zu Opfern von aggressiven Zahlungen.

FLORIAN:
Aber was spricht eigentlich dagegen, diese Parteien im Zuge einer Opfernachbetreuungs-Maßnahme wieder von diesen Zahlungen zu befreien?

ROBERT:
Also das widerspricht einem anderen Grundsatz der Republik, nämlich: Was liegt, das pickt.

THOMAS:
Außerdem ist das billiger Populismus. Unsere Parteien müssen sich eh schon für jede Zuwendung rechtfertigen. Eine lebendige Parteiendemokratie muss einem auch was wert sein.

FLORIAN:
Und deshalb kann es nur eine Lösung geben. Nämlich: transparente Parteienförderung durch transparente Korruption.

ROBERT:
Das heißt: offizielle Ausschreibung der Bestechungssumme.

FLORIAN:
Das heißt: Es gibt einen obersten staatlichen Korruptions-Koordinator.

ROBERT:
Da könnt ich mir den Graf Ali gut vorstellen.

THOMAS:
Is der nicht ein bissl ein Schlaucherl?

ROBERT:
Na ja, dem könnt man ja als Kontrollinstanz den Pilz ins Büro setzen, der hat ab Herbst eh wieder Zeit.

FLORIAN:
Stimmt, der Pilz hat die größte Kompetenz in Sachen Graf Ali und der Graf Ali die größte Kompetenz punkto kreative Wertschöpfung bei „militärischen Beschaffungsprojekten".

THOMAS:
Bei „militärischen Beschaffungsprojekten" liegt einfach das größte ungenutzte Kapital, weil schätzungsweise 40 Prozent aller Korruptionsfälle weltweit im Bereich Rüstung stattfinden. Das klingt viel, man muss da aber sagen: Es ist noch mehr.

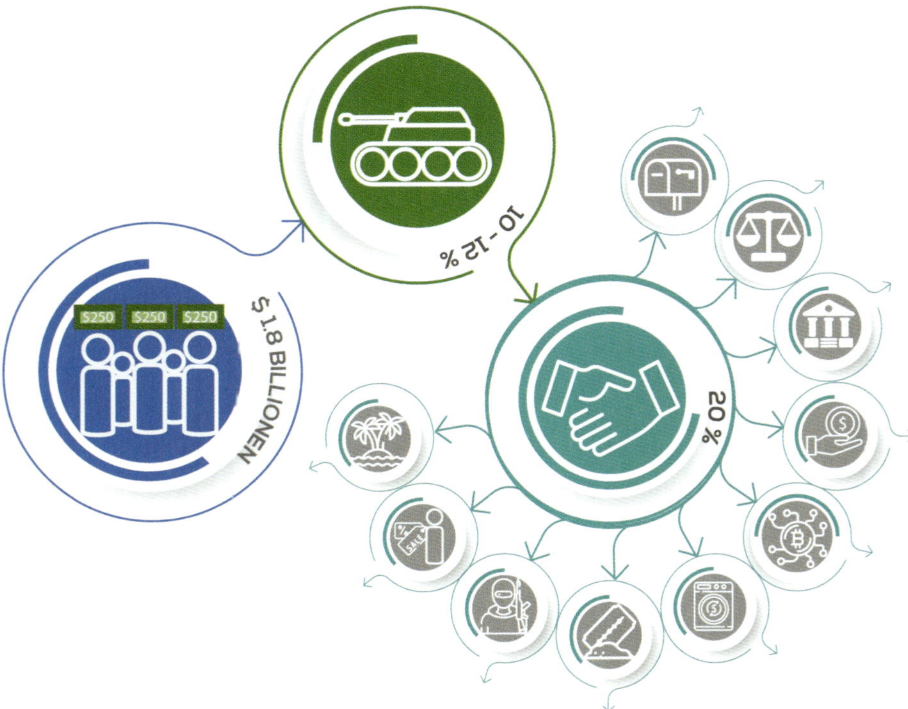

ROBERT:
Derzeit gibt jeder Mensch weltweit circa 250 Dollar pro Jahr für Rüstung aus, also statistisch auch die, die weniger als 365 Dollar im Jahr verdienen.

FLORIAN:
Gilt auch für Sie, meine Damen und Herren. Das heißt, wenn Sie sich für heuer vorgenommen haben, mehr für uns Staatskünstler auszugeben als für Rüstung, müssen Sie mindestens noch neun Mal zu uns ins Programm, zum Beispiel in den Rabenhof, kommen.

ROBERT:
Insgesamt macht das weltweit 1,8 Billionen Dollar für Rüstung im Jahr, von denen wieder 10 bis 12 Prozent gewohnheitsmäßig in die Korruption fließen.

FLORIAN:
Aber – und das ist ein großes Aber – seriöse Studien gehen davon aus, dass mindestens 20 Prozent dieser Bestechungsgelder nie bei den Politikern ankommen, denen sie eigentlich zustehen.

THOMAS:
Die versickern bei irgendwelchen Briefkastenfirmen, Anwälten, Banken, erpresserischen Mitwissern, du musst von Treuhändern administrierte, wasserdichte Geldüberweisungsketten rund um den Globus anlegen, Blockchain-Konten eröffnen, Geldwäsche-Prämien kalkulieren, du kooperierst fast zwangsläufig mit Drogenmafiosi, Salafisten, Menschenhändlern oder ganz allgemein irgendwelchen G'frastern, die schon dafür ein Geld wollen, dass sie dir nicht gleich in den Schädel schießen …

ROBERT:
… das sind doch sinnlose Overheadkosten, das ist doch alles tote Bürokratie, das lähmt doch alles die Wirtschaft!

FLORIAN:
Da braucht es ein Korruptionsgütesiegel. Die goldene Sumpfdotterblume oder das rot-weiß-rote Kanalröhrl. Und das garantiert eine genaue Dokumentation der gesamten Schmiergeld-Wertschöpfungskette. Da könnte Österreich zum Vorreiter werden.

THOMAS:
Für die Werbung dafür bietet sich das „Na sicher"-Schweinderl an.

ROBERT *(als „Na sicher"-Schweinderl)*:
Du, Verteidigungsminister, gell, von unsere neuen Atom-U-Boote im Attersee ham alle was?

FLORIAN *(als Bauer)*:
„Na sicher, Schweinderl."

THOMAS:
Das könnt ma ja auch gleich vom Graf Ali spielen lassen, der hat eh so was ... Herziges.

ROBERT:
Und Speckiges.

FLORIAN:
Österreich hat die höchste Parteienfinanzierung Europas, und wenn man jetzt die Gütesiegel-Marie vom Sumpfschweinderl dahingehend zweckwidmet, spart man im Jahr gute 200 Millionen Steuer-Euros.

THOMAS:
Wie meinst jetzt? Dass man das offizielle Schwarzgeld einfach auf alle Parteien gleichmäßig aufteilt?

ROBERT:
Einspruch! Das wär leistungsfeindlich. Das Gießkannenprinzip hat ausgedient. Der tüchtige Korruptionist darf nicht der Dumme sein. Es muss einen Leistungsanreiz für effiziente Korruptionsbereitschaft geben.

FLORIAN:
Okay, Vorschlag: Es gibt eine Art Mindestbestechung oder bedingungslose Grundschmierung für alle. Aber natürlich muss der Löwenanteil aus einer bestimmten Schmiergeldtransaktion an die Person oder Partei gehen, die die auch angeleiert hat.

THOMAS:
Vor allem hat dann diese soziale Stigmatisierung ein Ende, dass Korruptionsprofis aus dem Rüstungsumfeld gezwungen sind, herumzudrucksen, wenn sie bei Partys gefragt werden, was sie beruflich machen, dass diese Leistungsträger nicht einmal entspannt ihren Bentley-SUV vorm Nobelpuff ins Halteverbot stellen können, sondern gezwungen werden, ihre Yachten schamhaft am Oasch von Martinique zu verstecken, und das noch unter panamesischer Billigflagge, weil ihnen offizell gar nix gehören darf. Das is doch ka Leben.

ROBERT:
Stimmt, dass man ein bissl stolz auf die eigene Leistung sein kann, das ist eigentlich ein menschliches Grundrecht.

FLORIAN:
Die bedingungslose Grundschmierung muss dann aber schon aliquot an alle Parteien gehen.

ROBERT:
Ja, sicher.

THOMAS:
Okay, bei die Blauen is es wurscht, aber wie erklären dann zum Beispiel die Grünen ihren Fundis, dass sie sich aus Waffengeschäften finanzieren?

ROBERT:
Müssen sie ja nicht. Wenn wer kein Waffengeld will, dann schaltet man halt einen ethischen Fonds dazwischen, wo das Waffengeld nachhaltig und ökologisch angelegt wird, und lasst sich's dann so auszahlen.

FLORIAN:
Ah ja. Das geht dann schon so in Richtung Gemeinwohl-Ökonomie.

ROBERT:
Wobei wir noch nicht über die sozialen Kosten geredet haben.

THOMAS:
Wieso? Welche?

ROBERT:
Entschuldigung, jede Rationalisierung kostet Arbeitsplätze. Wenn das Korruptionsgütesiegel sich durchsetzt, sind natürlich zehntausende Arbeitsplätze unmittelbar gefährdet: Steuerberater, Privatbankiers, Mafiosi, Salafisten. Und vermutlich hunderttausende in der Zulieferindustrie: Maßschneider, Innenausstatter, Golfcaddys, Personal Trainer, Pudelfriseure, Pony-Yogalehrer ...

THOMAS:
Stimmt. Das wären die Opfer.

FLORIAN:
Für die müsst man dann halt einen Opfer-Hilfsfonds anlegen.

THOMAS:
Aber leistungsorientiert: Abwrackprämie für Geldwäschebetriebe: Kanzleien, Vereine, Glücksspiellokale.

FLORIAN:
Und wer soll das bitte finanzieren?

ROBERT:
Das ... das ... sollen sich die Politiker überlegen. Für was zahl ma denn die Oaschlöcher?

WIR UND DIE UNERREICHBAREN

FLORIAN:
Wie viel Potenzial hat die FPÖ wirklich?

THOMAS:
Theoretisch 100 Prozent

ROBERT:
Theorie widerlegt, weil ich wähl sie nicht.

THOMAS:
Ja, jetzt nicht, aber wer weiß, was noch passiert.

ROBERT:
Was soll passieren?

THOMAS:
Stell dir vor, jemand schießt dir einen Stahlbolzen durch die Stirn in den Frontallappen, du wachst im Krankenhaus auf, und das Erste, was du sagst, ist: „Jetzt erst recht!"

FLORIAN:
Na gut, so oft kommt das auch nicht vor.

ROBERT:
Okay, ich glaub, das FPÖ-Potenzial liegt bei circa 650.000 Stimmen.

FLORIAN:
Wie kommst auf das?

ROBERT:
Anzahl der FPÖ-Wähler bei der EU-Wahl und gleichzeitig geschätzte Anzahl der funktionalen Analphabeten in Österreich.

THOMAS:
Hallo, hallo, das ist jetzt sehr diskriminierend!

ROBERT:
Ja eh, nämlich gegenüber den Analphabeten.

FLORIAN:
Außerdem ist der Begriff Analphabet unscharf. Auf Facebook sieht man immer wieder: Es gibt Analphabeten, die trotzdem schreiben können.

THOMAS:
Und die, die gleichzeitig FPÖ-Fans sind, haben sogar eine eigene Symbol-Schrift:

Das wird auch gerne mit sprach-
ähnlichen Botschaften kombiniert:

> **Anni E** Ich war immer für BLAU zu Lebzeiten 70 Jahrgang haben de nichts anderes gemacht als Versprechungen in rot oder schwarz von den kleinen kaum zum reden und darum wähle ich BLAU egal was andere sagen oder denken💙💙💙💙💙💙💙💙💙💙
>
> Gefällt mir · Antworten · 21 Std. 96

FLORIAN:
Das muss echt sein, weil einen Bot so programmieren, dass er dir das schreibt, das schaffen nicht einmal die Russen.

ROBERT:
Aber wenn das von einem echten Menschen ist: Was denkt sich dieser Mensch dann in echt?

FLORIAN:
Sehnsucht nach Liebe. Er will geliebt werden.

ROBERT:
Was braucht es dann den Strache? Warum nimmt er sich dann keinen Hund?

THOMAS:
Die meisten ham eh Hund, aber der Hund wedelt nur mim Schwanz und plakatiert nicht, dass er für euch ist, weil sie gegen ihn sind.

ROBERT:
Und der Hund hat normal auch keine 800.000 Facebook-Follower.

THOMAS:
Genau. Die Facebook-Seite vom Strache ist eigentlich eine einzige große Hundezone, wo man unter die Leut kommt, Gleichgesinnte trifft – man muss nicht einmal mit den anderen um den liebsten Hund wetteifern, weil sich eh schon alle auf den Strache geeinigt haben ...

ROBERT:
... keiner schaut dich deppert an, wennst amal ins Braune steigst ...

THOMAS:
Und wenn's Wetter oasch ist, musst net amal extra ausse in Regen.

FLORIAN:
Aber kann man diesen Menschen nicht eine andere Form von Liebe geben?

ROBERT:
Ja, bitte, hält dich keiner auf. Antworte der Frau Anni.

FLORIAN:
Liebe Frau Anni, wir haben was gemeinsam, denn ... auch mir fehlen die Worte. Helfen Sie mir, was sagt ma zu so jemand wie Ihnen. Ich würde Sie gerne erreichen, liebe Frau Anni, aber die Kommunikation ist nicht ganz leicht, so zwischen verschiedenen Universen, vor allem, wenn diese Universen parallel zueinander sind, denn Parallelen treffen sich bekanntlich erst in der Unendlichkeit, und ich weiß nicht, ob ich so lang Zeit hab. Und es ist mir echt zu weit.

THOMAS:
Moment, das heißt aber, wir könnten der Frau Anni nur so Liebe geben, indem wir ihr Paralleluniversum schöner machen.

ROBERT:
Wie soll das gehen?

THOMAS:
Na, wie im Science-Fiction-Film: indem wir eine neue Realität erschaffen, eine Matrix.

(Lichtwechsel, Soundeffekte, Blue Mirror-Insert, die Staatskünstler setzen Virtual-Reality-Brillen auf.)

OFF-STIMME:
Willkommen in Autochthonia, der ersten durchpatriotisierten Österreich-Zuerst-Matrix.

FLORIAN:
Schau, dort vor dem Ausreisezentrum reitet Bundeskanzler Kickl. Ist der gewachsen?

ROBERT:
Das liegt sicher an der guten Luft, denn seine erste Maßnahme nach Gewinn der absoluten Mehrheit war es, alle Chemtrails zu entgiften.

THOMAS:
Auch die Stadt Wien ist unter Bürgermeister Gudenus sauberer geworden, weil sie die zwölfspurige Südost-Tangente zum Stephansplatz verlängert und eine City-Maut für Radfahrer und Fußgänger eingeführt hat.

FLORIAN:
Mit den Einnahmen wurden hunderte Pfingstochsen gekauft, aus deren Kuhfladen vor dem Burgtheater der Schriftzug „Kusej's" geformt wurde.

ROBERT:
Jeden Sonntag servieren am Viktor-Adler-Markt „Ja Natürlich"-Ferkel Schweinsbraten und sagen: „Lasst's euch den Opa recht gut schmecken!"

THOMAS:
Und der Soros muss im Schweizerhaus Schweinsstelzen servieren.

FLORIAN:
Die Arbeitslosigkeit ist auf null Prozent, weil alle für den Mateschitz alte Bauerntruhen restaurieren.

ROBERT:
Servus TV und FPÖ-TV haben sich zu ORF88 fusioniert.

THOMAS:
Und bei der Millionenshow lässt der Assinger zuerst den Armin Wolf an der 500-Euro-Frage scheitern:

FLORIAN *(als Armin Assinger)*:
Die Frage lautet: Mocht ma beim Hulapalu vielleicht die Augen zu?
a) wohl, b) sicha nit, c) hadegatti oder d) mein lieber Herr Gesangsverein.

(Man sieht ein Bild des ratlosen Armin Wolf.)

THOMAS:
Und dann macht er den Felix Baumgartner zum Millionär der Herzen.

FLORIAN *(als Armin Assinger)*:
Die Frage lautet: Red Bull verleiht a) Flügel, b) Wimmerln, c) Duttln oder d) sog afoch a.
(Insert oe24-Headline „All-Felix jetzt Hirn-König“ wird gezeigt.)

ROBERT:
Und da! Die Bundeshymne wird von Andreas Gabalier gesungen, und zwar mit ganz altem Text:

ALLE DREI *(zur Melodie der Bundeshymne)*:
Land der Söhne, Land der Männer, Land der Herren und Frauenkenner.

FLORIAN:
Und da drüben steht die Frau Anni und sie sagt zu uns:

OFF-STIMME ANNI:
I bin jetzt mim Mustafa z'samm. Der is eigentlich ganz okay. Des haaßt, i brauch den ganzen Schas nimmer.

(Soundteppich verreckt kläglich.)
(Lichtwechsel. Sie nehmen die Brillen wieder ab.)

So viel zu den Staatskünstlern im Herbst 2019. Nun wollen wir zurückblicken und Bilanz ziehen. Florian Klenk hat im Vorwort geschildert, wie alles begonnen hat. Das Thema Grasser und Co hat uns in den folgenden Jahren auch auf der Bühne und in unserer TV-Sendung immer wieder beschäftigt.

DIE WAHRHEIT ÜBER KHG

FLORIAN:
Es mag Sie überraschen, das aus unserem Munde zu hören, aber, meine Damen und Herren: Sie tun Karl-Heinz Grasser unrecht.

ROBERT:
Wir machen Ihnen da gar keinen Vorwurf, auch wir haben lange Zeit die gängigen Vorurteile geteilt.

FLORIAN:
Aber wir hatten ein Erweckungserlebnis.

THOMAS:
Einen jener raren Momente, in denen sich die Wirklichkeit so einleuchtend umkehrt wie ein zum Positiv entwickeltes Fotonegativ.

ROBERT:
Jedenfalls handelt es sich um unser „Dokument der Woche". Das verdanken wir dem Investigativjournalisten Ashwien Sankholkar, der uns ein Verhörprotokoll von Karl-Heinz Grasser zur Verfügung gestellt hat. Im Zuge dieser Einvernahme wird KHG vom Staatsanwalt gefragt, warum es zu diversen privaten Einzahlungen aus seiner Zeit als Finanzminister keine Belege gibt. Und Karl-Heinz antwortet:

FLORIAN *(als Karl-Heinz Grasser, zitiert)*:
Wenn ich eine Einzahlungsbestätigung bekommen habe, dann lass ich sie in der Bank drüben oder schmeiß sie gleich weg. Ich mag keine Bürokratie. Was fange ich an mit einem Hunderttausend-Schein!? Sie können sich meine Ablage anschauen, ich habe keine private Ablage. Weil mich das nicht interessiert. Zu meinem eigenen Konto werden Sie bei mir keinen einzigen Zettel finden. Ich mag das nicht. Was fang ich damit an, wenn ich jetzt in Bankbelegen stöbere? Ich habe auch sonst keine Bürokratie zu Hause. Sie werden zu meiner eigenen Vermögensverwaltung keinen einzigen Zettel finden.

THOMAS:
Als wir das gehört haben, waren wir zuallererst sprachlos. Der kann doch nicht annehmen, dass ihm ein Staatsanwalt das glaubt. Das ist doch die dümmste Ausrede seit: „Der Hund hat meine Hausübung gefressen." Der muss uns doch alle für Idioten halten!!!

ROBERT:
Aber dann haben sich Zweifel bei uns eingeschlichen.

FLORIAN:
Der Mann gilt ja als intelligent. Manche schreiben sogar: zu intelligent.

ROBERT:
Das heißt, wenn der lügen würde, dann doch bitte nicht so.

THOMAS:
Wenn der lügen würde, dann könnte der doch mit seinem Spitzenhirn ein 20-stöckiges filigranes Märchenschloss aus dem Handgelenk beuteln, in dem sich schon aufgrund seiner Weitläufigkeit sämtliche Skeptiker hoffnungslos verlaufen täten.

FLORIAN:
Und das heißt zwangsläufig: Der lügt nicht.

ROBERT:
Der sagt die Wahrheit.

THOMAS:
Der kann gar nicht anders.

ROBERT:
Bitte, Technik, das wär der Moment, um für die Bildungsbürger unter den Zuschauern kurz die Parsifal-Ouvertüre anzuspielen.

(Zuspielung Parsifal-Ouvertüre, Insert Parsifal-Bild wird gezeigt.)

FLORIAN:
Was wir damit sagen wollen: Karl-Heinz Grasser, meine Damen und Herren, ist ein reiner Tor.

ROBERT:
Ein lauteres Herz in einer schmutzigen Welt.

THOMAS:
Eine schöne Seele, deren unverstellte Güte ihn, trotz seiner Hyper-Intelligenz, zum Spielball der arglistigen Ränke sinistrer Bösewichte gemacht hat.

ROBERT:
Natürlich fragt man sich: Bitte, wenn der so gscheit und so guat is, wieso is er dann a Haberer vom Meischberger?

THOMAS:
Und die Antwort muss wohl lauten: Es ist die Tragödie des Karl-Heinz Grasser, dass er in seinem jeweiligen Gegenüber stets das Gute sieht, dass er noch im Blick Walter Meischbergers ein Funkeln von Anstand und Aufrichtigkeit gesehen hat, ohne zu bemerken, dass sich da nur sein eigenes inneres Leuchten im stieren Auge des Tiroler Schlitzohrs widerspiegelte.

ROBERT *(als Walter Meischberger)*:
Du, Karl-Heinz, könntest mir amal sagen, was ma für die Buwog bieten muass?

FLORIAN *(als Karl-Heinz Grasser)*:
Als meinem besten Freund und Trauzeugen könnte ich dir natürlich sagen, dass man 961 Millionen Euro bieten muss, aber als verantwortungsvoller Minister darf ich aus Sorge, du könntest diese Information zu deinem persönlichen Nutzen und zum Schaden der Konkurrenz und somit der Bürger des Landes missbrauchen, dir die Summe nicht verraten.

ROBERT *(als Walter Meischberger)*:
Versteh ich total, Karl-Heinz. Du wirst in dieser Angelegenheit nichts mehr von mir hören.

THOMAS:
Und so zieht Karl-Heinz Grasser nicht nur durch seine reine Seele zwielichtige Gestalten förmlich an, nein, darüber hinaus scheinen sich, wie in der antiken Tragödie, auch die Umstände förmlich gegen ihn zu verschwören.

ROBERT:
Etwa im Fall der 800.000 Euro, die von der Raiffeisen-Bezirksbank Klagenfurt auf seine Meinl-Konten geflossen sind, und die er so erklärt:

FLORIAN *(als Karl-Heinz Grasser)*:
Das war eine ganz normale Familienüberweisung!

ROBERT:
Und natürlich möchte man am liebsten losschreien: „Das gibt's ja nicht, der ist ja zum Lügen zu deppert!"

FLORIAN:
Aber man tut es nicht. Weil man weiß: Der Karl-Heinz kann nicht anders. Der muss die Wahrheit sagen.

ROBERT:
Und so hat sich die Geschichte zugetragen. Wir schauen in das bescheidene Heim der Eltern Grasser, das sie sich mit harter Arbeit erwirtschaftet haben. Auch sie waren zeitlebens sprichwörtlich ehrlich.

THOMAS:
Anders wäre ja das auf Vertrauen basierende Metier des Gebrauchtwagenhändlers gar nicht erfolgreich ausübbar.

ROBERT:
Und eines Tages sprach Mutter Grasser:

FLORIAN *(als Mutter Grasser)*:
Mah, Vota, jetzt is unser Bua, da Koal-Heinz, ah scho long in da grossn Stodt.

ROBERT:
Und der Vater antwortete:

THOMAS *(als Vater Grasser)*:
Sog, Mutta, wonn hom denn mia dem Buam übahaupt es letzt Mol sein Toschengöld bezohlt?

FLORIAN *(als Mutter Grasser)*:
Mah, do woa jo dea no bei die Pfodfinda, der orme Teifl. In da Stodt is jo eh olles so teia. Oba bevor dea si beklogt, do friat und hungat a natialich liaba.

THOMAS *(als Vater Grasser)*:
Du, Mutter, i hob des jetzt ausgrechent, die ausständigen Toschengöldzohlungen mit Zins und Zinseszins, des sind so ochthundattausnd Euro.

FLORIAN *(als Mutter Grasser)*:
Ma, des überweis ma eam oba glei.

THOMAS *(als Vater Grasser)*:
Bin scho untawegs.

ROBERT:
Daran, dass die Optik für Karl-Heinz einmal mehr ungünstig ausfiel, waren also die guten Absichten seiner Eltern schuld.

THOMAS:
Auf der anderen Seite der Familie kann von solchen guten Absichten leider nicht die Rede sein. Doch Karl-Heinz hielt den Mythos von der bösen Schwiegermutter für ein scherzhaftes Sprachbild ohne tiefere Bedeutung.

(Insert mit Foto der Schwiegermutter Marina Giori-Lhota aus dem Profil-Jahresrückblick, auf dem sie Pelzhaube und Sonnenbrille trägt, wird gezeigt.)

THOMAS:
Und so hat er sich auch nichts weiter dabei gedacht, als diese Schwiegermutter ihn – vermeintlich – um einen Gefallen gebeten hat.

FLORIAN *(als Karl-Heinz Grasser, trägt ein rotes Käppchen)*:
Schwiegermutter, warum hast du so einen prallen Sack voll Geld?

ROBERT *(als Schwiegermutter, trägt wie diese auf dem Bild Pelzhaube und Sonnenbrille)*:
Damit ich dich auf die Probe stellen kann, hähähä.

FLORIAN *(als Karl-Heinz Grasser)*:
Aber Schwiegermutter, warum tätigst du nicht einfach eine Überweisung wie jeder normale Mensch, anstatt mich mit einem Sack Bargeld auf die gefahrvolle Reise mit meinem Diplomatenpass über die Schweizer Grenze nach Wien zu schicken?

ROBERT *(als Schwiegermutter)*:
Weil ich dir keine Rechenschaft schuldig bin, du Rotzpippn.

FLORIAN *(als Karl-Heinz Grasser)*:
Aber Schwiegermutter, warum gibst du mir das Geld, mit dem ich mein Geschick als Anlageberater unter Beweis stellen soll, nicht auf einmal mit, sondern in drei, noch dazu monatelang auseinanderliegenden Tranchen?

ROBERT *(als Schwiegermutter)*:
Damit ich dich besser auf Trab halten kann. Und vergiss nicht, das Geld nach Bankschluss und ohne Einzahlungsbeleg zum Meinl zu tragen. Damit ich dich besser anschwärzen kann!

FLORIAN *(als Karl-Heinz Grasser)*:
Anschwärzen?

THOMAS:
... dachte da Karl-Heinz.

FLORIAN *(als Karl-Heinz Grasser)*:
Hm, vielleicht hat die gute Schwiegermutter schon gehört, dass der Schüssel mich zu seinem Nachfolger machen will.

THOMAS:
Und er sagte:

FLORIAN *(als Karl-Heinz Grasser)*:
Gerne tu ich, was du verlangst. Doch wirst du, falls mich jemals jemand nach der Herkunft des Geldes fragt, auch bestätigen, dass ich selbstlos und in deinem Auftrage gehandelt habe?

ROBERT *(als Schwiegermutter)*:
Natürlich! Spätestens an dem Tag, an dem du ÖVP-Chef und Bundeskanzler bist, hähähähähähähääää!

FLORIAN *(als Karl-Heinz Grasser)*:
Na, das kann ja nicht mehr lange dauern.

THOMAS:
... dachte Karl-Heinz arglos und eilte los, nicht ahnend, dass seine Schwiegermutter in eine Verschwörung gegen ihn verstrickt war, deren Anführer Karl-Heinzens Hoffnungen auf den ÖVP-Vorsitz brutal zunichtemachen würde: der bittere, alte Großinquisitor Andreas Khol.

(Insert: Bild von Andreas Khol, zum Großinquisitor verfremdet, wird gezeigt.)

ROBERT:
Karl-Heinz, dessen heitere Weltoffenheit alle Vorstellungen von Beichte, Buße, Höllenangst und Fegefeuer vergessen machte, war dem freudlosen Greis stets ein Gräuel gewesen.

(Insert: Paparazzi-Foto von Grasser und Fiona in Badekleidung und unzüchtiger Stellung wird gezeigt.)

FLORIAN:
Kann es wirklich Zufall sein, dass an derselben Innsbrucker Universität, an der Andreas Khol lehrte, sich auch jener geheimnisvolle Liechtensteiner zum Juristen ausbilden ließ, dessen Umgang mit Grassers Steuerakten diesen Jahre später ein weiteres Mal zu Unrecht unter Verdacht geraten lassen sollte?

(Insert: Foto von Anwalt Stefan Wenaweser mit schwarzem Augenbalken wird gezeigt.)

THOMAS:
Oder ist es nicht viel wahrscheinlicher, dass dieser Mann sich im Auftrag seines finsteren Meisters nach Liechtenstein begab, um eine Tarnexistenz als Anwalt in einer Kanzlei mit dem verräterischen Namen „Marxer" aufzubauen und ansonsten als Schläfer auf seinen Einsatz zu warten?

FLORIAN:
Bleibt natürlich die Frage: Na guat, aber wenn der Grasser wirklich so leiwand is, warum hat er dann überhaupt in Liechtenstein irgendwelche Stiftungen?

ROBERT:
Und auch hier lautet die Antwort natürlich: vor lauter Gutheit.

THOMAS:
Dem Vernehmen nach hat sich Karl-Heinz furchtbar gekränkt, dass er für die paar Monate Arbeit beim Meinl mehrere Millionen Euro bekommen hat, während dort gleichzeitig viele Menschen ihre Ersparnisse verloren haben. Und eines Tages, nach dem dritten Glas Benco, klagte er sein Leid einem Finanztreuhänder.

FLORIAN *(als Karl-Heinz Grasser)*:
Am liebsten würd ich mein Geld ja spenden.

THOMAS:
Und der Finanztreuhänder sagte:

Robert *(als Finanztreuhänder)*:
Pardon vielmals, ich hab ein wenig Mühe mit dem österreichischen Dialekt, Sie meinen wohl, Sie wollen stiften?

THOMAS:
Und Karl-Heinz sagte:

FLORIAN *(als Karl-Heinz Grasser)*:
Das werd ich wohl meinen.

THOMAS:
Ohne zu ahnen, dass er seinen formschönen Kopf in diesem Moment auf den Richtblock einer sensationsgeilen, voreingenommenen Medienöffentlichkeit legte.

ROBERT:
Wir aber sagen: Das, was wir leichthin als Realität bezeichnen, ist ein einziges, gegen Karl-Heinz Grasser ersonnenes Lügengespinst.

FLORIAN:
Und wenn jetzt sogar Untersuchungshaft für KHG gefordert wird, sagen wir: „Nicht auch noch das Opfer zum Täter machen! Wir fordern daher für Karl-Heinz Grasser die Schutzhaft!"

DER SCHÖNSTE
ARBEITSLOSE
SCHUTZHAFT FÜR
KARL-HEINZ GRASSER
IM NAME
DER REPU

ANLEGERSCHUTZ

FLORIAN:
Bei uns Staatskünstlern ist heute Lukas Resetarits zu Gast, allerdings nicht in seiner Funktion als Berufskollege, sondern als Privatmann. Der Lukas wird uns jetzt eine private Geschichte erzählen, die ihm wirklich passiert ist.
Lukas, du hast sehr viel Geld verloren.

LUKAS RESETARITS:
Ja, ich hab es nicht auf der Straße verloren, weil ich es schlecht eingesteckt hab, sondern ich hab es angelegt in Meinl-Papieren ...

THOMAS UND ROBERT:
Uiuiui ...

LUKAS RESETARITS:
Entschuldigung, ich bin aufgewachsen mit Meinl, das waren gute Sachen, die haben zum Beispiel eine super Pariser Wurst gehabt, die hab ich gerne gegessen, und ich hab mir gedacht, wenn die jetzt ein Geld machen, ist das sicher auch gediegen und vor allem sicher. Nicht sicher gediegen, sondern auch sicher sicher. Und dann hab ich für meine Kinder und für meine Enkelin angelegt und hab mir gedacht: Schau, essen werden die Leute immer und ...

THOMAS:
Wohnen.

LUKAS RESETARITS:
... und Grundstücke irgendwie haben und ...

ROBERT:
Herumfliegen.

FLORIAN:
Also der Lukas gehört zu jenen Österreicherinnen und Österreichern, die geglaubt haben, was im Prospekt steht beim Meinl – und das war der Fehler.

LUKAS RESETARITS:
Da waren ernsthafte Sachen drinnen, Piloten und so, und ganz glückliche Menschen.

FLORIAN:
Piloten? Da war wahrscheinlich gemeint, dass das Ganze ein „Pilotenspiel" ist.

ROBERT:
Das ist eigentlich schon ein recht deutlicher Hinweis gewesen.

LUKAS RESETARITS:
Hört einmal zu, ihr drei. Ich bin gescheiter als ihr drei zusammen, außer beim Geld.

ROBERT:
Ja, natürlich!

FLORIAN:
Wir wollen jedenfalls den Lukas nicht verhöhnen, wir wollen ihn trösten. Wir haben eine kleine Überraschung für ihn vorbereitet. Komm mit, Lukas.

LUKAS RESETARITS:
Das freut mich, danke.

FLORIAN:
Lukas, du hast auch in Immobilien investiert. Fragt sich: Wo sind diese Immobilien? Wir zeigen dir eine solche, nämlich hier kommt sie ins Blickfeld. Da wohnt unser ehemaliger Finanzminister Karl-Heinz Grasser.

ROBERT:
Wie schön!

FLORIAN:
Der hat ja damals bei Meinl ein bisschen besser abgeschnitten als du.

LUKAS RESETARITS:
Schaut so aus, ja.

FLORIAN:
Sein eigener Steuerberater redet von 8,45 Millionen Euro, die er bei Meinl verdient hat. Und wir haben uns gedacht, als kleinen Trostpreis zeigen wir dir das. Hier, bitte:

ROBERT:
Burschen ... Entschuldigung, ich bin seekrank.

THOMAS:
Entschuldigung, wir sind in Seenot!

(zu Robert):
Geht's noch bis zum nächsten Ufer?

ROBERT:
Ja ... Bis dahin halt ich's noch aus.

(Das Boot mit dem seekranken Robert legt am Steg der Villa an. Robert steigt auf den Steg.)

THOMAS:
Ich sollte den Robert begleiten, weil sonst ...

LUKAS RESETARITS:
Ja, der speibt sich gleich an.

THOMAS:
In dem Zustand möchte ich ihn nicht alleine lassen. Komm!

(Alle vier steigen aus dem Boot und gehen an Land.)

FLORIAN:
Robert geht's? Wart, setz dich vielleicht hin.

ROBERT:
Da her, oder?

FLORIAN:
Ja, also wir sind jetzt aus Seenot gerettet worden. Das war eine dramatische Szene. Gott sei Dank haben wir Gastfreundschaft gefunden, aber eigentlich bist ja du, Lukas, Gastgeber hier quasi, oder?

LUKAS RESETARITS:
Ja, hier auf dem Anleger, als Anleger. Den hab ich mitfinanziert. Gott sei Dank steht da nicht: anlegen verboten.

FLORIAN:
Für dich wäre das damals gut gewesen.

LUKAS RESETARITS:
Wäre besser gewesen!

THOMAS:
Nachher ist man oft gescheiter.

LUKAS RESETARITS:
Aber jetzt hab ich angelegt. Die Brettln da, also ein Teil davon gehört mir. Also habe ich zumindest finanziert. Ob es mir gehört, weiß ich nicht.

ROBERT:
Das, worauf ich sitze. Also wenn du das finanziert hättest, wär es mir ... wirklich ... Wie viel hast du denn verloren?

LUKAS RESETARITS:
Ja, so um die 40.000 Euro über die Zeit.

ROBERT:
Ja, da geht sich ein Brettl aus, oder?

LUKAS RESETARITS:
Ein Brettl muss sich ausgehen, ja.

THOMAS:
Obwohl die sind sicher ... die sind schon besonders ... gut.

FLORIAN:
Außerdem hat sie die Fiona begrünt.

ROBERT:
Lukas, wir hätten auch noch eine kleine Überraschung für dich gehabt.

THOMAS:
Eine Art Postkarte, damit du da vielleicht deinen Gruß entbieten kannst.

ROBERT:
Schau, das haben wir für dich vorbereitet.

(Die Staatskünstler präsentieren ein Schild mit der Aufschrift: „Finanziert von den Meinl-Anlegern".)

LUKAS RESETARITS:
Sehr schön. Ich bin auch sehr dankbar und möchte diese Gedenktafel hier anbringen.

FLORIAN:
Das ist sehr in Ordnung. Burschen, ich find, wir sollten auch etwas dalassen, weil wir haben den Anlegerschutz genossen, wir durften anlegen und da sollten wir irgendwas ...

LUKAS RESETARITS:
Ich hab nichts mehr, ich hab alles da reingesteckt.

ROBERT:
Ich habe eh ein schlechtes Gewissen, weil ich damals keine Aktien gekauft hab.

THOMAS:
Ich finde auch, man soll jede Gelegenheit ausnutzen, einen Menschen glücklich zu machen, und beim Karl-Heinz weiß man einfach, was ihn freut.

LUKAS RESETARITS:
So viel ist dieses Airport-Papier wert, das ich jetzt hab.

FLORIAN:
Lustiger Zufall.

ROBERT:
Wahnsinn. Weißt was, ich kauf dir deine Aktien ab.

LUKAS RESETARITS:
Die Airport? Okay, drei Flughäfen in ... weiß ich nicht wo, aber die gehören jetzt dir.

THOMAS:
Na dann, glaub ich, können wir wieder ...

(Sie bewegen sich wieder zum Boot.)

FLORIAN:
Ja, es war wirklich schön hier. Auch von der Atmosphäre her. Wir haben ein bisschen große weite Welt mitbekommen.

THOMAS *(mit Blick auf den Steg)*:
Dass da gar keine Glitzersteine drauf sind.

LUKAS RESETARITS:
Die sind drinnen.

Nach Ausstrahlung dieses Beitrages hat uns Grassers Anwalt Manfred Ainedter wieder einmal mit Klage gedroht. Es blieb bei der Drohung, was in Hinblick auf eine in diesem Fall dann wohl unvermeidliche Erörterung der Besitzverhältnisse des Seegrundstücks vor Gericht eine kluge Entscheidung war. Für uns Staatskünstler war Kärnten auch bei anderen Themen ein ergiebiges Terrain.

WIR STAATSKÜNSTLER AUF REGIERUNGSBESUCH IN KÄRNTEN

ROBERT:

Vor ein paar Jahren haben sizilianische Geschäftsleute beschlossen, kein Schutzgeld mehr an die Mafia zu zahlen. Sie haben „Addiopizzo" gegründet und mit einem Pickerl haben sie symbolisiert: Nein, ich zahle kein Schutzgeld mehr an die Mafia.

FLORIAN:

Wir Staatskünstler sind nun der Meinung, dass Kärnten eine vergleichbare Aktion verdient hat. Und die gibt es jetzt endlich, die Anti-Schutzgeld-Aktion: Diese Firma ist so frei, zahlt kein Geld an die Partei.

THOMAS:
Wir wollen diese Aktion an einem ganz besonderen Ort präsentieren. Es ist das weit über die Landesgrenzen hinaus bekannte Jörg-Haider-Denkmal zu Gurk. Ein symbolisches Kunstwerk. Die Symbolik ist leicht zu entschlüsseln. Das Kunstwerk sagt uns, eine Hand wäscht die andere. Eine alte Kärntner Sage weiß davon zu berichten, dass zwischen diesen Händen angeblich vom Künstler jeweils ein zusammengefalteter 500er versiegelt untergebracht wurde.

ROBERT:
Ob das Legende oder Wahrheit ist, werden wir aber heute nicht herausfinden können.

FLORIAN:
Aber wir wollen uns noch ein anderes Motto aus Italien vornehmen. Es lautet „Mani pulite" – saubere Hände. Und für die wollen wir in Kärnten jetzt endlich sorgen.

THOMAS:
Also.

FLORIAN:
Einmal eintunken.

(Die drei Staatskünstler beginnen das Denkmal zu waschen.)

FLORIAN:
Wir sind mit unserer Anti-Schutzgeld-Aktion jetzt in Klagenfurt und wollen schauen, ob Klagenfurter Geschäftsleute unser Anti-Schutzgeld-Pickerl auch wirklich auf ihren Geschäften anbringen wollen.

ROBERT:
Der Thomas hat passend zu dieser Aktion ein kleines Gedichterl in einem uralten Gedichtband gefunden.

THOMAS:
Sie sollen's so nicht weitertreiben, selbst der Lindwurm muss schon speiben. Aber unter Germanisten ist die Authentizität umstritten.

(Die Staatskünstler besuchen mehrere Geschäfte und stoßen dort auf große Bereitschaft, das Pickerl auch tatsächlich auf den Geschäftsportalen anzubringen.)

FLORIAN:
Wir dürfen Ihnen das Pickerl überreichen. Werden Sie es aufkleben?

KÄRNTNER GESCHÄFTSMANN 1:
Ja klar, selbstverständlich.

KÄRNTNER GESCHÄFTSMANN 2:
Ich mach bei eurer Aktion mit und gebe natürlich kein Geld an die Parteien.

FLORIAN:
Immer mehr mutige Klagenfurter Geschäftsleute kleben das Anti-Schutzgeld-Pickerl. Auch Sie?

KÄRNTNER GESCHÄFTSFRAU:
Auch ich klebe es vor d e Tür.

ROBERT:
Wir wollen mit dem Pickerl Firmeninhaber ermutigen, kein Schutzgeld mehr an die Partei zu zahlen Was halten Sie davon?

PASSANT:
Wenn Sie jetzt Parteispenden meinen und Schutzgeld sagen Ich sage einmal Parteispenden und dagegen bin ich absolut.

ROBERT:
Absolut?

PASSANT:
Absolut. Ich war bei einem Unternehmen beschäftigt, wir haben Massenartikel hergestellt, also im Lebensmittelbereich, und haben prinzipiell, obwohl es eine Riesenfirma ist, nie ein Geld gezahlt, sondern haben gesagt, wir geben ihnen meinetwegen so und so viel von unserer Ware, die auch etwas wert ist, aber kein Geld.

FLORIAN:
Wir befinden uns hier vor dem Amt der Kärntner Landesregierung in Klagenfurt. Hinter uns Kunst im öffentlichen Raum. Das Denkmal heißt „Der Sieger".

ROBERT:
Ja, das ist der offizielle Name, der inoffizielle Name ist: „Der Slowene greift an".

ROBERT:
Ist der Herr Landeshauptmann für uns zu sprechen?

MITARBEITERIN:
Warten Sie einmal ganz kurz. Ich hole ihn.

(Gerhard Dörfler erscheint tatsächlich.)

ROBERT:
Herr Landeshauptmann, Grüß Sie Gott!

FLORIAN:
Grüß Sie.

GERHARD DÖRFLER:
Sie sind aus dem bekannten ... Grüß Sie Gott.

THOMAS:
Grüß Sie.

GERHARD DÖRFLER:
Ich darf zuerst etwas machen. Dort, wo die kleinen Buben hingehen.

ROBERT:
Ja, gerne.

FLORIAN:
Freilich!

THOMAS:
Wir kommen auch nicht mit der Kamera mit.

(Dörfler verschwindet Richtung Toilette und kommt nach wenigen Minuten wieder.)

ROBERT:
Da kommt er, der Landeshauptmann von Kärnten. Noch einmal Grüß Gott. Sie haben sich offensichtlich die Hände gewaschen. Oder?

GERHARD DÖRFLER:
Ich bin ein ordentlicher Mensch.
So, was steht an?

ROBERT:
Wir haben eine kleine Aktion vorbereitet. Wenn vielleicht du das erklären willst, Florian?

FLORIAN:
Es gibt in Sizilien ein Anti-Schutzgeld-Pickerl für die Geschäftsleute, die nicht mehr Schutzgeld zahlen wollen, und das haben wir jetzt für Kärnten auch, dass Kärntner Geschäftsleute die Möglichkeit haben zu sagen: „Schutzgeld, nein danke! Ich zahle kein Schutzgeld mehr.“

ROBERT:
Dürfen wir mit Ihrer Unterstützung rechnen?

GERHARD DÖRFLER:
Sie können immer mit meiner Unterstützung rechnen.

ROBERT:
Das ist ausgezeichnet. Darf ich Ihnen ein paar Pickerl dalassen, die Sie vielleicht an befreundete Geschäftsleute verteilen?

THOMAS:
Vielleicht aus der Bauwirtschaft.

GERHARD DÖRFLER:
Ja, da werden Sie wahrscheinlich Pech haben, aber ich werde das gerne zur Kenntnis nehmen.

FLORIAN:
Wir waren in Maria Wörth, waren dort Freunde besuchen.

GERHARD DÖRFLER:
Bei der Flick?

FLORIAN:
Leider nicht. Aber ein Freund von uns hat einen Gartenweg dort gebaut, das hat 2.000 Euro gekostet und ja, wir hätten jetzt – hast du den Zwanziger eingesteckt Robert?

ROBERT:
Nein, ich ...

GERHARD DÖRFLER:
Lassen Sie den Zwanziger!
Jetzt aber Schluss mit lustig.

MITARBEITERIN:
Danke für den Besuch, auf Wiederschauen. Gell?

(Die Staatskünstler vor dem Büro von Landesrat Harald Dobernig.)

ROBERT:
Für den Herrn Dobernig haben wir ein kleines Geschenk vorbereitet. Einen kleinen Geschenkekorb.

(Sie betreten das Büro.)

ROBERT:
Grüß Gott! Wo dürften wir denn etwas abgeben für den Herrn Dobernig? Dürfen wir das bei Ihnen machen?

MITARBEITERIN:
Ja.

ROBERT:
Wunderbar! Schauen Sie, hier haben wir schöne Geschenke für ihn. Für die Zukunft. Eine Feile, einen Kuchen. Da gehört aber die Feile dann in den Kuchen rein. Vielleicht sagen Sie das der Mama vom Herrn Dobernig. Ja?

FLORIAN:
Die schafft das sicher.

ROBERT:
Hier, Zigaretten als Währung.

THOMAS:
Ja. Da soll die Mama nicht schimpfen, das ist nicht zum Selberrauchen.

ROBERT:
Das ist nicht zum Selberrauchen, das ist zum Bezahlen.
Hier „Die große Häfenelegie“ vom Herwig Seeböck. Damit er sich vorbereiten kann ein bisschen, auf den Jargon.
Und hier eine Brille. Der Florian zeigt das jetzt noch einmal kurz vor.

(Florian setzt Brille mit Gittermuster über den Gläsern auf.)

FLORIAN:
Das ist an sich etwas Sinnvolles zur Vorbereitung. Weil man ja doch einen anderen optischen Eindruck hat im Lauf der Zeit. Und ich glaub, er als Brillenträger, da ist es ganz gut, wenn er das vorher ein bisschen probieren kann.

ROBERT:
Und dann hätten wir noch sprachliche Tipps auch. Wenn er sich merken will: „Ti si moja dobra vila“. Das ist slowenisch und heißt „Du bist meine gute Fee“. Falls er mit einem Slowenen in die Zelle kommt. Gut. Dann dürfen wir das dalassen?

MITARBEITERIN:
Ja.

FLORIAN:
Ui, der Teppich, der ist ja mehrsprachig.

THOMAS:
Ein mehrsprachiger Teppich? Findet der Herr Dobernig es nicht ein bisschen aggressiv, dieses slowenische Vordringen in seinen Büroraum?

MITARBEITERIN:
Danke für Ihren Besuch. Auf Wiederschauen. Gell?

Unser brisantester Kärnten-Besuch war aber vermutlich jener bei der ehemaligen Agentur von Herbert Kickl.

AUF BESUCH BEI DER „IDEENSCHMIEDE“

(Die Staatskünstler vor dem Gebäude der Agentur Ideenschmiede.)

FLORIAN:
Im Hintergrund sehen Sie ein Gebäude der Agentur Ideenschmiede. Das ist jene legendäre Werbeagentur, die eine eigene Kick-back-Vereinbarung mit der Kärntner FPÖ abgeschlossen hat. Großartig. Aber wir wollen nicht darüber reden, wir wollen darüber reden:

(Er zeigt ein Schriftstück in die Kamera.)

Das ist nämlich der Treuhandvertrag zwischen dem Chef von dieser Werbeagentur und dem Herbert Kickl. Dem gehört laut diesem Vertrag die Hälfte von der Agentur. Das Lustige ist nur: Er will davon nichts wissen.

THOMAS:
Es ist so, der Treuhänder hat es für ihn gehalten, damit es sich nicht herumredet – die Neidgesellschaft in Österreich, ich mein, das kennt man ja …
Aber jetzt ist er nicht mehr Treuhänder, sagt er.

FLORIAN:
Er sagt, er hat gekündigt.

ROBERT:
Mündlich!

THOMAS:
Jetzt ist aber möglicherweise die mündliche Kündigung verlorengegangen. Wobei sein Treuhänder sagt, er hat schriftlich gekündigt, aber er findet den Zettel nicht mehr.

FLORIAN:
Das Allermerkwürdigste: Kickls Steuerberater weiß von alldem nichts, der glaubt, dem gehört noch immer die Hälfte.

ROBERT:
Das heißt, entweder dieses Haus oder die Firma ist jetzt wirtschaftliches Eigentum von Herbert Kickl oder potentielles …

FLORIAN:
Auf jeden Fall sollten wir das sichern. Weil, ich habe Sorge, dass Herbert Kickl hier über den Tisch gezogen wird. Dass ihn jemand aus dieser Firma rausdrängen will …

THOMAS:
Weil der Herr Treuhänder, ich mein, ich kenn ihn nicht, wenn der einen schlechten Charakter hat und jetzt sagt: „Aha, Herbert, du sagst, das gehört dir nicht, dann gehört es dir nicht, haha!“ Das wäre ja auch schade.

FLORIAN:
Drum sichern wir. Komm, wir haben da ja was mit.

ROBERT:
Hier zum Beispiel …

FLORIAN:
Wirtschaftliches Eigentum. Ja, ich glaub, da weiß jeder gleich, woran er ist.

ROBERT *(zeigt Schild mit der Aufschrift „Potentielles Eigentum von Herbert Kickl“)*:
Und sicherheitshalber „Potentielles Eigentum von Herbert Kickl“ auch.

THOMAS:
Aber vielleicht, damit man auch wirklich alle Schlupflöcher schließt: Ich schreib da jetzt noch dazu:
„Möglicherweise vormaliges“.
Dann haben wir, glaub ich,
alle Eventualitäten abgedeckt.

FLORIAN:
Wir tun da jetzt für den Herbert
dieses Haus markieren,
damit er dann nicht böse
Überraschungen erlebt, wenn
er in Pension ist.

THOMAS:
Da kann er es sich dann aussuchen, und es einfach durch ein Multiple-Choice-Verfahren richtigstellen. Er nimmt zwei Schilder runter, lässt das oben. Das passt, und wir werden, weil wir Staatskünstler uns natürlich auch als Dienstleister verstehen, auf unserer Homepage ein Formular zum Download anbieten, und zwar exklusiv für Herbert Kickl. Er kann die Kündigung dieses Treuhandvertrages bei uns downloaden, einfach unterschreiben und ausschicken. Dann werden endlich diese ganzen Missverständnisse aus dem Weg geräumt.

FLORIAN:
Wenn er das macht, kommen wir auch diese Schilder wieder hier abmontieren. Vorher nicht.

ROBERT:
Oder, wenn es neue Verträge gibt: Wir haben noch jede Menge von diesen Schildern, also falls Sie die brauchen können, Herr Kickl ...

THOMAS:
Wer weiß, was Ihnen noch gehört?

ROBERT:
Vielleicht wissen Sie es selber gar nicht.

(Die Staatskünstler auf dem Parkplatz der Ideenschmiede.)

FLORIAN:
Wir befinden uns jetzt vor dem Gebäude der Ideenschmiede. Hier ist der Parkplatz. Gekennzeichnet durch das Zeichen „IS“, vielleicht nicht ganz glücklich gewählt, diese Abkürzung. Es heißt ja, dass ehemalige Mitarbeiter dieser Werbeagentur Geldkoffer übergeben hätten an hochrangige FPÖ-Politiker in Wien.

THOMAS:
Es werden prominente Namen genannt ... Wir warten natürlich noch, bis das bei der Staatsanwaltschaft fertig fermentiert ist, das kann noch ein paar Jahre dauern.

FLORIAN:
Wir wollen aber jetzt schon diesen Parkplatz umgestalten. Weil das geht nicht, oder?

THOMAS:
Ich find, das ist kein würdiger Rahmen für finanzielle Transaktionen im doch hohen fünfstelligen Bereich. Bitte könntest du das ordentlich auszeichnen?

ROBERT:
Ja, also ich hab mir mal gedacht, wir machen eine Ladezone aus diesem Parkplatz für leere Koffer, die angeliefert werden. Und dann für Vollkoffer, die dann abtransportiert werden.

FLORIAN:
Also quasi eine Kofferladezone exklusiv hier in Klagenfurt.

ROBERT *(beginnt, eine Markierung auf den Boden zu sprayen)*:
So.

THOMAS:
Vielleicht, wenn du das mit einem Eurosymbol auszeichnest.

FLORIAN:
Das ist quasi der „Kickl-Bag-Landeplatz" dann, da kann nicht mehr viel schiefgehen.

THOMAS:
Und der Spray geht leicht wieder weg, also sollte die FPÖ die Regierung übernehmen und wir wieder den Schilling bekommen, kann man das Symbol austauschen, das ist kein Problem.

Bei Redaktionsschluss dieses Buches sieht es so aus, dass der Prozess um die Ideenschmiede nun tatsächlich stattfinden wird. Und auch Herbert Kickl hat sich wieder an seine alten Geschäftspartner erinnert:

NEUE LOGOS

THOMAS:
Jetzt würde der typische HC-Strache-Facebook-Poster mit russischem Digitalhintergrund sagen: „Geh bitte! Das mit der Ideenschmiede, das sind doch alte Geschichten, die ihr da aufwärmt.“ – Nein! Die haben nicht wir aufgewärmt, der Chef kocht selbst. Herbert Kickl persönlich hat für neue Temperaturzufuhr gesorgt, indem er heuer ein Logo für die neue Grenzschutz-Polizei präsentiert hat:

THOMAS:
Daraufhin haben die Leute gesagt:

ROBERT:
Aha, des is aber schiach!
Wer hat'n des g'macht?

FLORIAN *(als Herbert Kickl)*:
Das war die Nachfolge-Agentur von der Ideenschmiede ...

ROBERT:
Aha!? Wurde das überhaupt ausgeschrieben?

FLORIAN *(als Herbert Kickl)*:
Äh ... nein.

ROBERT:
Aha?!?! Und was hat des kost?

FLORIAN *(als Herbert Kickl)*:
Äh ... nix. Drum haben wir's auch nicht ausgeschrieben. Das war ...
ein Geschenk.

THOMAS:
Da sagen wir: Das hätte er von uns zwar nicht billiger, aber besser haben können.

ROBERT:

Hier sind unsere Vorschläge für das neue Logo der Grenzschutzpolizei:

Die Kickl-Katze

Die Kickl-Katze in fernöstlicher Variante

Das Modell Hello Kickli

FLORIAN:

Und unser Modell für alle „König der Löwen"-Fans.

FLORIAN:

Alles natürlich ein Geschenk von uns, nach dem Motto: Dem geschenkten Schwein schaut man nicht hinein.

ROBERT:
Definitiv nicht geschenkt waren die Inserate, die das Innenministerium vornehmlich in den heimischen Boulevardmedien geschaltet hat. Für 365.000 Euro wurden die Leser informiert über den Schutz der eigenen Sicherheit bei Amok und Terror.

THOMAS:
Sie sehen's hier, man soll der Reihe nach: flüchten – verstecken – Notruf. Letzte Konsequenz: verteidigen.

FLORIAN:
Natürlich könnt man jetzt sagen, das ist so in der Kategorie: bei Durst was trinken.

THOMAS:
Aber wir wollen nicht ausschließen, dass in einem Land, in dem die FPÖ 26 Prozent der Stimmen hält, der eine oder andere auch so was ein bissi genauer erklärt braucht.

ROBERT:
Trotzdem bewerten wir diese Aktion des Innenministeriums sehr kritisch. Es wurde nämlich weder im Folder noch in den Inseraten darauf hingewiesen, dass diese Tipps natürlich nur für autochthone Österreicher gelten.

FLORIAN:
Das heißt, wenn irgendein Syrer oder Afghane die Krone liest und das Inserat findet, glaubt der womöglich, er darf auch flüchten, nur weil bei ihm Amok und Terror ist.

THOMAS:
Wir fordern also den Innenminister dringend auf, nach den Terrortipps für Österreicher auch eine Inseratenkampagne für fremdrassige Terroropfer in Krisenregionen zu initiieren:

ROBERT:
Und vielleicht, als kleine Gedächtnisstütze für sich selbst, könnte der Herbert Kickl wieder mal in Medien inserieren, die er selber auch gern liest.

THOMAS:
Also Zur Zeit, Alles roger oder Wochenblick.

FLORIAN:
Für die würden wir folgendes Sujet vorschlagen:

Wir waren aber nicht nur beim Kreieren neuer Logos aktiv, sondern sogar als Modedesigner.

WIR STAATSKÜNSTLER ALS MODESCHÖPFER

FLORIAN:
In Kärnten wurde unlängst jemand verhaftet, weil er dieses T-Shirt getragen hat:

(Insert: Foto „Uwe-geh-in-Häfen"-Shirt)

Laut einem offiziellen Kärntner Polizeibericht handelt es sich dabei um eine „entartete Meinungsäußerung".

THOMAS:
Und für uns als amtliche Tabubrecher, die ständig bemüht sind, auf der Rasierklinge der Legalität zu balancieren, stellt das eine neue Herausforderung dar.

FLORIAN:
Nach dem Vorbild des „Uwe-geh-in-Häfen-T-Shirts" präsentieren wir Ihnen heute: Das Label „Staatskünstler".
100 Prozent Baumwolle, 100 Prozent entartet, 100 Prozent in China hergestellt, damit wir auch was damit verdienen.

ROBERT:
Und hier unsere ersten Modelle!

Mit „entarteter Meinungsäußerung" hatten wir nie Probleme. Schwieriger war es, wenn wir über Sachverhalte berichteten, die so unglaublich waren, dass man sie uns dann tatsächlich nicht geglaubt hat.

BITTE GLAUBEN SIE UNS!

THOMAS:
In unserer letzten Sendung haben wir uns beschwert, welche Schwammerl Geld von der Telekom Austria bekommen haben. Reichhold, Gorbach ...

ROBERT:
Und dann haben wir dieser Tage noch einen Namen erfahren:

FLORIAN:
REINHART GAUGG!

ROBERT:
Und dann sagen unsere Zuschauer:

THOMAS:
Was? Den Gaugg hat es wirklich gegeben?

FLORIAN:
Ja! Wer's nicht glaubt, soll seinen Wikipedia-Eintrag googeln.

THOMAS:
Da werden Sie feststellen, dass der Absatz über seine politische Laufbahn nur halb so lang ist wie der über Alkohol am Steuer.

ROBERT:
Der Reinhart Gaugg, dieses Pantoffeltierchen im heimischen Korruptionssumpf, hat tatsächlich 30.000 Euro von der Telekom bekommen.
Für Lobbying-Aktivitäten!

FLORIAN:
Der weiß doch gar nicht, was das heißt. Der glaubt, Lobbying ist ang'soffen in einer Hotelhalle sitzen.

THOMAS:
Und jetzt stehen wir vor folgendem Problem: Stellen Sie sich vor, Sie sind Kabarettist und bekommen als Aufgabe: Wie könnte die Honorarnote vom Gaugg an die Telekom ausschauen?

ROBERT:
Na ja, wahrscheinlich auf einer uralten Schreibmaschine getippt, mit ganz viel Tipp-Ex-Flecken drauf.

FLORIAN:
Na, no besser, handgeschrieben, in akkurater Schreibschrift, auf liniertem Papier.

THOMAS:
Und dann hat uns Kurt Kuch vom News die echte zukommen lassen. Hier ist die Original-Honorarnote von Reinhart Gaugg.

FLORIAN:
Des schaut aus, wie von einem Crack-rauchenden Volksschüler.
Der Gaugg wollte die Telekom offensichtlich verorschen.

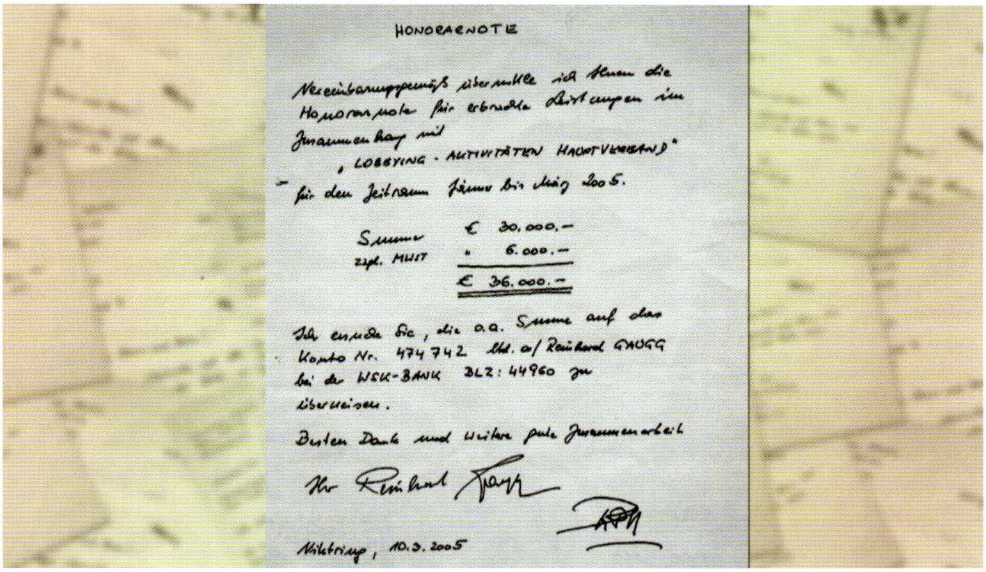

HONORARNOTE

Vereinbarungsgemäß übermittle ich Ihnen die Honorarnote für erbrachte Leistungen im Zusammenhang mit „LOBBYING - AKTIVITÄTEN HAUPTVERBAND"
für den Zeitraum Jänner bis März 2005.

Summe	€ 30.000,-
zzgl. MWST	" 6.000,-
	€ 36.000,-

Ich ersuche Sie, die o.a. Summe auf das Konto Nr. 474742 lautend a/ Reinhard GAUGG bei der WSK-BANK BLZ: 44960 zu überweisen.

Besten Dank und weitere gute Zusammenarbeit

Ihr Reinhard Gaugg

[illegible], 10.3.2005

THOMAS:
Da hat sich die Telekom g'sagt: Der wü uns verorschen?! Na woat Freunderl, dir werma höfen, des zoin ma!

ROBERT:
Interessantes Detail an dieser Rechnung: Es fehlt die UID-Nummer. Ab einer Höhe von 10.000 Euro braucht eine Rechnung eine Umsatzsteuer-Identifikationsnummer. Das heißt, die Telekom hätt das gar nicht bezahlen dürfen.

THOMAS:
Natürlich hätt die Telekom das nicht bezahlen dürfen! Entschuldigung, wenn ich so eine Rechnung bekomm, dann landet die mit dem Inhalt vom Feibra-Sackerl im Altpapier. Und wenn's der Kaszettel in die Wohnung schafft, dann maximal bis ins Katzenkisterl.

ROBERT:
Abschließend: Die Telekom hat geglaubt, dass diese Rechnung echt ist. Und nix anderes verlangen wir von Ihnen.

FLORIAN:
Das ist überhaupt unser dringlichster Wunsch: Bitte, glauben Sie uns!

Wer über solche Themen berichtet, muss in Österreich damit rechnen, dass er als „Nestbeschmutzer" bezeichnet wird. Aber warum eigentlich?

WIR NESTBESCHMUTZER

THOMAS:
Der Begriff „Nestbeschmutzen" ist ja ein bissl paradox. Man weist auf einen Dreck im Nest hin, will, dass der rausgeschmissen wird, und wird daraufhin als Nestbeschmutzer bezeichnet.

ROBERT:
Na, Moment: So gesehen wären ja Eltern, die die Windeln ihrer Kinder wechseln wollen, auch Nestbeschmutzer.

THOMAS:
In der Natur wird das Nest ja immer von den eigenen Kindern angeschissen und die Vogeleltern sehen das und sagen: „Na, geh."
Was sollen sie sonst machen, an die Kronen Zeitung können sie ja nicht schreiben.

ROBERT:
Für die Kronen Zeitung wär's nur dann interessant, wenn der Nestbeschmutzer ein Kuckuck wäre.

THOMAS:
Wieso?

ROBERT:
Nestbeschmutzer mit Migrationshintergrund.

FLORIAN:
Wobei: An die Krone schreibst net, wenn's dir ins Nest geschissen haben, sondern ins Hirn.

THOMAS:
In Österreich läuft das Nestbeschmutzen streng ritualisiert ab. Der Nestbeschmutzer, meist ein Staatskünstler, weil das gehört ja zu seinem Aufgabenprofil, sieht das Gacki im Nest, denkt sich: „Wäh, da ist ein Gacki im Nest" und sagt:

ROBERT:
Wäh, da ist ein Gacki im Nest!

THOMAS:
Drauf sagt die Krone:

FLORIAN:
Wo? Ich seh nix.

THOMAS:
Drauf der Staatskünstler:

ROBERT:
Aber da ist ein Gacki!

THOMAS:
Drauf die Krone:

FLORIAN:
Gacki sagt man nicht.

THOMAS:
Drauf der Staatskünstler:

ROBERT:
Na, oh ja, da is ein Gacki!

THOMAS:
Drauf die Krone:

FLORIAN:
Gusch, es schaun schon alle her!

THOMAS:
Das geht so lang hin und her, bis alle müde sind und was trinken gehen. Und das Gacki bleibt liegen und vermodert daweil, bis irgendwann alle glauben, es gehört eh zum Nest, und sich denken:

FLORIAN:
Typisch Nest.

ROBERT:
Typisch Gacki.

THOMAS:
Das gibt's halt nur bei uns.

Als Staatskünstler sollte nicht nur „Nestbeschmutzen" zum Arbeitsalltag gehören, sondern auch der klassische „Tabubruch". Dazu eignet sich natürlich besonders die kritische Auseinandersetzung mit Religion. Oder auch mit politischen Lichtgestalten, die religionsartige Verehrung erwarten.

BUSSI RIOT

ROBERT:
Vor ein paar Monaten hat die Künstlergruppe Pussy Riot in Moskau in der Christ-Erlöser-Kathedrale mit einer Kunstaktion für Aufsehen gesorgt.

FLORIAN:
Sie haben dort ein Punkgebet an die Jungfrau Maria vorgebracht mit äußerst Putin-kritischem Text, und das hat für einen Riesenskandal gesorgt.

THOMAS:
Zwei Mitglieder der Gruppe wurden mittlerweile zu mehrjährigen Arbeitslagerstrafen verurteilt. Auch nicht die feine russische Art.

(Zuspielung: Originalmaterial von der Pussy-Riot-Aktion in Moskau.)

ROBERT:
Verstörende Bilder, die uns Staatskünstler im Innersten erschüttert haben.

FLORIAN:
Wir befinden uns hier vor dem St. Pöltner Dom, wo sich just wenige Tage vor dem niederösterreichischen Landesfeiertag Szenen abgespielt haben, die mit dem Begriff Tabubruch nur vorsichtig umschrieben sind.

THOMAS:
Auch wir müssen uns dieser Diskussion stellen. Ist das Rowdytum unter dem Deckmäntelchen der Kunst? Oder Kunst im Rowdykleid?

FLORIAN:
Urteilen Sie selbst.

THOMAS:
Wir wissen es nicht.

(Drei Vermummte im Dom von St. Pölten. Sie tragen ein Gebet vor, das kurz in einen Punk-Song übergeht und am Schluss wieder in ein Gebet mündet:)

Himmelmutter, Himmelmutter,
wir bitten dich heut
Himmelmutter, Himmelmutter,
sag doch die Leut

Dass bei der Wahl am Wochenend
Man auch wen andern wählen könnt

Als den, den was ein jeder kennt
als Dochnichtbundespräsident

Weil auch, wer's Kreuzerl
andern spendet
nicht gleich am Scheiterhaufen endet

Dass nicht jeder fährt zur Höll
der wen andern wählt als Pröll

Den Pröll den Pröll den Pröll
Den Pröll den Pröll den Pröll

Erwinvater, Erwinvater,
das war nur ein Schmäh
Erwinvater, Erwinvater,
das checkst du doch eh?
Erwinvater, Erwinvater, gell,
du bist uns nicht bös
Erwinvater, Erwinvater jetzt werd ma
langsam nervös

FLORIAN:
Nicht bös sein, Erwin, bitte.
Das war nur ein Scherz.

THOMAS:
Also wir wollten damit auch nicht wirklich aufrufen dazu, wen anderen zu wählen.

FLORIAN:
Nein, nein, das wär auch ganz schlecht.

ROBERT:
Wir wollten nur darauf hinweisen, dass rein theoretisch die Möglichkeit bestünde.

THOMAS:
Ohne, dass man sich im juristischen Sinn strafbar macht.

FLORIAN:
Es wäre natürlich ganz unsinnig, aber theoretisch ... es wär ja blöd, wenn es gar niemand anderen gäbe ...

ROBERT:
Aber danke ...

FLORIAN UND THOMAS:
Danke, Erwin.

(Sie verlassen beschämt den Dom.)

Einige Zeit später haben wir dann einen noch viel schlimmeren Frevel begangen: Wir haben uns auf die Suche nach der Erwin-Pröll-Privatstiftung begeben.

AUF DER SUCHE NACH DER ERWIN-PRÖLL-PRIVATSTIFTUNG

(Die Staatskünstler im wild verwachsenen Hof einer Bauernhof-Ruine.)

FLORIAN:
Der Zweck der Erwin-Pröll-Privatstiftung besteht laut Erwin Pröll darin, eine Akademie für den ländlichen Raum zu gründen. Gescheitert ist das bislang laut Erwin Pröll daran, dass man keine passende Immobilie gefunden hat.

THOMAS:
Tja, und da haben wir etwas wirklich Schönes gefunden. Weil es die Akademie für den ländlichen Raum ist, soll es ländlich sein, und aber eben auch Raum haben. Und dieses Objekt hat nicht nur einen, es hat mehrere Räume.

ROBERT:
Das Gebäude ist auch aus einem anderen Grund ideal: Für den Brandschutz ist nämlich schon vorgesorgt. Die Wände sind so feucht, hier wird es nie brennen.

THOMAS:
Wir möchten aber schon sagen, es ist nicht unser Verdienst alleine, dass die Akademie vielleicht bald einen Standort haben wird. Wir haben einen niederösterreichischen Patrioten gefunden – Grüß Gott –, Christoph Wiesner, der dieses Objekt für den guten Zweck zur Verfügung stellt.

THOMAS:
Wie schaut es im Ort aus, so mit infrastruktureller Anbindung?
WLAN?
Glasfaserinternet?

CHRISTOPH WIESNER:
Ja, einen Bus gibt es.

THOMAS:
Also das heißt, das müsste man mitnehmen. Aber das wäre ja auch irgendwie ein bisschen die Idee der Entwicklung des ländlichen Raumes.

FLORIAN:
Dürfen wir ein paar Fotos machen und Pläne mitnehmen, damit wir sie im Landhaus präsentieren können?

CHRISTOPH WIESNER:
Jawohl. Kein Problem. Haben wir alles.

FLORIAN:
Wunderbar. Danke. Na dann.
Auf, auf Burschen.

ROBERT:
Auf nach St. Pölten.

THOMAS:
Und „hui", da sind wir schon.
Bei der niederösterreichischen Landesregierung, um eben dieses Projekt ordnungsgemäß einzureichen.

FLORIAN:
Warum sind wir hier vor dem Landhaus in St. Pölten? Weil sich hier der ganz offizielle Sitz der Erwin-Pröll-Privatstiftung befindet. Und warum ist der ausgerechnet hier?

ROBERT:
Das hat Erwin Pröll persönlich mit folgenden Worten beantwortet:

„Hinsichtlich der Adresse möchte ich, als für Liegenschaftsverwaltung zuständiges Regierungsmitglied mitteilen, dass sie gewählt wurde, um es Bürgerinnen und Bürgern zu erleichtern, direkt ein Ansuchen an diese Stiftung zu richten."

THOMAS:
Ja, ein Ansuchen haben wir. Bitte nehmt das von uns.

FLORIAN:
Wir würden auch einzahlen in die Stiftung.

ROBERT:
Natürlich!

THOMAS:
Weil, es ist ein guter Zweck.

FLORIAN:
Grüß Gott.

PORTIER:
Bitte.

FLORIAN:
Wir suchen die Erwin-Pröll-Privatstiftung.

PORTIER:
Ja, da müsst ihr bei wem anderen fragen. Weiß ich nicht. Keine Ahnung.

THOMAS:
Wen können wir denn da fragen?

PORTIER:
Sie können da vorne hingehen ins Bürgerservice-Büro.

THOMAS:
Guten Morgen.

ROBERT:
Wir würden wahnsinnig gerne in die Erwin-Pröll-Privatstiftung einzahlen.

BÜRGERSERVICE-MITARBEITER:
Okay, dann müssen Sie sich an die Erwin-Pröll-Privatstiftung wenden.

FLORIAN:
Die ist hier.

THOMAS:
Die hat ihren Sitz hier.

BÜRGERSERVICE-MITARBEITER:
Nicht im Bürgerbüro im Landhaus.

FLORIAN:
Aber das gibt's ja nicht, dass eine Stiftung hier ist und nirgends ... Die kann nicht gleichzeitig ... das ist ja wie Schrödingers Stiftung: Die kann nicht gleichzeitig existent und nicht existent sein.

ROBERT:
Doch, solange man nichts einzahlt, kann sie existieren ... und nicht existieren.

THOMAS:
Aber eigentlich mit dem Einzahlen müsste sich dann der Zustand entscheiden. Quantenphysikalisch.

BÜRGERSERVICE-MITARBEITER:
Die Gebäudeverwaltung gibt es, aber ob die weiß, wo das ist, kann ich Ihnen nicht sagen.

THOMAS:
Das heißt, da müssen wir die Gebäudeverwaltung fragen?

ROBERT:
Gehen wir zur Gebäudeverwaltung.

(Die Staatskünstler irren durch endlose Gänge im Landhaus.)

ROBERT:
Das ist aber jetzt nicht euer Ernst, Kinder.

THOMAS:
Wo ist jetzt die Gebäudeverwaltung?

ROBERT *(liest von einem Schild)*:
Gruppe Innere Verwaltung. Abteilung Gemeinden. Probieren wir es im dritten Stock.

(Die Odyssee der Staatskünstler am Gelände der Landesregierung geht weiter und führt sie in immer neue Häuser.)

THOMAS *(liest von einem Schild)*:
Haus Mistelbach.

FLORIAN:
Klingt zumindest einmal erfolgversprechend.

(Die Staatskünstler betreten ein Büro und werden gleich wieder hinauskomplimentiert.)

ROBERT:
Grüß Gott! Guten Morgen!
Auf Wiedersehen.
Wir lassen Sie in Ruhe, Dankeschön.

MITARBEITERIN
Auf Wiedersehen.

THOMAS:
Wir müssen angeblich zur Landesamtsdirektion.

FLORIAN:
Ja, die haben uns da drinnen gerade gesagt, sie sind nur für richtige Stiftungen zuständig.

(Sie treffen auf einen Passanten.)

ROBERT:
Wir suchen die Erwin-Pröll-Privatstiftung, wo wir was einzahlen können.

PASSANT:
Ja, das können Sie hier.

ROBERT:
Wirklich? Sie sind zuständig?

PASSANT:
Ja, wir nehmen alles.

(Nach weiteren Irrwegen und Stationen, von denen sie weitergeschickt werden, kommen sie zu einer Bürotür.)

ROBERT:
Da steht Sekretariat, da sind wir richtig.

FLORIAN:
Ist das jetzt das Ende unserer Odyssee?

(Sie klopfen an die Tür und öffnen sie.)

ROBERT:
Grüß Sie Gott.

THOMAS:
Grüß Gott.

FLORIAN:
Grüß Gott.

MITARBEITERIN:
Grüß Gott.

ROBERT:
Könnten Sie uns helfen? Wir bräuchten jemanden, der unsere Einzahlung für die Erwin-Pröll-Privatstiftung entgegennimmt. An wen dürfen wir uns denn da wenden?

MITARBEITERIN:
Sie können mit unserem Chef sprechen. Würden Sie da bitte Platz nehmen?

ROBERT:
Ja? Sehr gerne! Vielen Dank.

THOMAS:
Das ist ja schon einmal was. So zuversichtlich war ich nicht mehr, seit wir im Bürgerbüro waren.

FLORIAN:
Ich find es schon auch gut, dass sie Hürden setzen. Dass nicht einfach jeder Dahergelaufene einzahlen kann.

THOMAS:
Ja, aber das nächste Mal, wenn ich stiften geh, nehm ich mir eine Jause mit. Vielleicht muss man das im Zuge einer spiritistischen Sitzung beschwören?

ROBERT:
Geht schon, Tischerl rücken, Burschen. Vielleicht führt uns der Tisch. Erwin. Erwin, wenn du uns hörst ...

(In dem Moment, in dem sie ihren spiritistischen Versuch starten, öffnet ein Mann die Bürotür.)

THOMAS:
Grüß Gott!

ROBERT:
Ah, hallo. Grüß Gott. Sie haben kurz Zeit für uns?

FLORIAN:
Ja ... und was jetzt passiert ist, können wir Ihnen leider nicht zeigen, weil wir haben mit dem Landesamtsdirektor zwar gesprochen, er hat uns aber nicht erlaubt, dass wir dieses Gespräch zeigen.

THOMAS:
Aber er hat uns etwas gesagt, nämlich: „Da ist nichts."

FLORIAN:
Die Stiftung ist nicht da. Wir sollen zum Herrn Dr. Pröll selber hingehen und ...

THOMAS:
Es ist ein bisschen wie die Aura vom Dr. Pröll, beide sind weg.

FLORIAN:
Es ist ein Jammer. Unser Geld wurde nicht genommen, die haben offensichtlich genug davon, aber so leicht geben wir nicht auf, oder?

THOMAS:
Nein, weil das Anliegen ist wichtig. Wir schicken das per Post.

Unsere Postsendung wurde uns wieder zurückgeschickt. Und wenige Tage nach der – trotz heftigster Interventionen – erfolgten Ausstrahlung des Beitrages wurde die Erwin-Pröll-Stiftung offiziell aufgelöst.
Aber wir haben uns auch mit einem anderen Monumental-Landeshauptmann auseinandergesetzt. Nämlich mit Michael Häupl und seiner Koalitionspartnerin.

MICHI UND MARY

(Blende in eine Wohnung. Wir sehen ein Paar, das am Sofa im Wohnzimmer sitzt. Hinter ihnen ein Bild, bestehend aus drei Pfeilen, diese sind von einem großen grünen „G" umschlossen. Darunter steht 25. 11. 2010. Ein Herz ist um dieses Datum gemalt.)

STIMME AUS DEM OFF:
Mary und Michi, seit wann seid's ihr denn zusammen?

MICHI:
Ah! Des is scho gor nimma woahr!

MARY:
Jetzt tu nicht imma so, Michi! Da hinten steht's eh. Seit dem 25. November 2010.

STIMME AUS DEM OFF:
Na, dann habt's ihr ja bald Hochzeitstag.

MICHI:
Den hob i scho wieder vagessen.

STIMME AUS DEM OFF:
Der kommt aber erst.

MICHI:
Na eh!

MARY:
Er meint's nicht so. Aber das ist halt, weil er so lange allein gelebt hat.

MICHI:
Des war scho a Lebensqualität, wann ma so … niemand braucht, herrlich.

MARY:
Aber dass da kein falscher Eindruck entsteht: Er wollte diese Beziehung wirklich haben.

MICHI:
Ich wollte EINE Beziehung haben. Man muss aber schon sagen, die Beziehung funktioniert, weil mit der Mary is eh fast wie vorher.

MARY:
Ja, in einer Partnerschaft muss man halt auch Kompromisse eingehen. Wenn ich zum Beispiel sag: „Was is Michi, geh ma Fahrrad fahren …"

MICHI:
Sog i: „Na sicher!!!"
(Macht dazu scheibenwischerartige Handbewegungen.)

MARY:
Ja, so gibt eben jede Seite das, was sie kann.

(Zwischenschnitt. Ein Klo. Wir sehen einen Stapel aus Kronen Zeitungen. Die oberste hat Michael Häupl am Cover. Schwenk über die Klomuschel auf die andere Seite. Ein Stapel bestehend aus Ausgaben des Falter. Der oberste Falter hat Maria Vassilakou am Cover.)

MARY *(aus dem Off)*:
Im Alltag hat halt jeder seine Bereiche. Man muss seine Unterschiede auch bewusst leben.

(Schnitt auf Wohnzimmer. Eine Sitzecke, Kuchen auf dem Tisch, alles ist für eine Kaffeejause hergerichtet. Mary sitzt und trinkt Kaffee.)

STIMME AUS DEM OFF:
Womit hat denn der Michi eine Freude?

MARY:
Na ja, ich hab ihm zum Beispiel heute seine Fahnenstange neu gestrichen, damit sie am 1. Mai schön glänzt ... Wo ist denn das Glas mit dem Klarlack?

(Michael kommt herein mit einem Glas in der Hand. Er verzieht das Gesicht.)

MICHI:
Sei ma ned harb. Aber der Retsina und i, mir wern kane Freund!

(Mary hebt ihren Finger und will zu einer Erklärung ansetzen, Michi dreht sich um und geht aus dem Zimmer. Mary entscheidet sich dafür, dass es egal ist, und macht eine entsprechende Handbewegung.)

STIMME AUS DEM OFF:
Is der Michi ein bissl ein Macho?

MARY:
Also nein! Nein, da hab ich als Feministin dann doch Ansprüche, unter die ich nicht ... Also, natürlich ist er jetzt kein Softie, bei dem immer alles politisch superkorrekt ... oder sagen wir so: Ich bin eine starke Frau mit Ecken und Kanten, da braucht's natürlich auch einen starken Mann ...

MICHI *(hinzutretend)*:
Der was das olles im Schädl aushalt amal.

MARY:
Aber in vielerlei Hinsicht ist es eine wirklich progressive Beziehung, also ... im Bett zum Beispiel hab schon ich die Hosen an.

MICHI:
Ja, da hab i ihr gsagt, dort kann's es ruhig anlassen.

(Schnitt ins Schlafzimmer. Mary liegt in einem grünen Jogginganzug auf dem Bett, Michi in einem roten Pyjama und einem roten, paisleygemusterten Morgenrock. Beide schauen auf den Fernseher am Fußende.)

STIMME AUS DEM OFF:
Also, kann man sagen, ihr habt's euch schon arrangiert miteinander?

MICHI:
Es san Kompromisse, net, und Kompromisse sind immer oasch, aber was willst machen? Also, bei der Fernbedienung zum Beispiel, des hab i komplett

delegiert, das macht bei uns jetzt die Mary, da brauch i mi nimmer profilieren. Gell, Marymaus? Tua amoi.

MARY:
Na, hilf mir aussuchen! Was magst du denn sehen?

MICHI:
Is ma wuascht.

MARY:
Na gut.

MICHI:
Ned des.

MARY:
Na geh, wieso?

MICHI:
Des is a Schas.

MARY:
Na, was soll ich denn aufdrehn?

MICHI:
Is ma wuascht.

MARY:
Na gut.

(Sie schaltet weiter.)

MICHI:
Na, ned den Dreck.
(Mary schaltet weiter.)

MICHI:
Was is'n des für ein Bledsinn?

*(Mary schaltet weiter.
Man hört die Signation der ZIB.)*

MICHI:
Geh, fahr ab mit der Hirnwixerei!

MARY:
Ja, dann sag halt, was'd sehen willst.

MICHI:
Is ma wuascht.

MARY:
So. Jetzt sprech einmal ich ein Machtwort. Ich dreh überhaupt ab und les was.

(Sie dreht ab und nimmt „Alexis Sorbas" zur Hand.)

MICHI:
Vomiraus.
Guade Nocht.

(Er dreht auf seiner Seite das Nachtkastellicht aus, es erlischt auch auf Marys Seite. Dunkel.)

(Pause.)

MARY:
Du, wenn's so finster ist, da kann ich nicht gut lesen.

MICHI:
Is ma wuascht.

(Dunkel.)
(Pause.)

MARY *(seufzt)*:
Hach, ich freu mich schon auf morgen.

MICHI:
Wos is morgen?

MARY:
... nix ...

MICHI:
Na hoffentlich.

Manchmal ist es uns auch passiert, dass wir prophetisch waren. Zum Beispiel, als wir den damals amtierenden Bundeskanzler vor unseren Untersuchungsausschuss zitierten und dabei schon seinen Nachfolger präsentierten.

DER AUSSERPARLAMENTARISCHE „WIR STAATSKÜNSTLER"-UNTERSUCHUNGSAUSSCHUSS MIT WERNER FAYMANN

(Robert holt einen Kindersessel von hinter der Bühne.)

ROBERT:
Also, wir nehmen jetzt an, das ist der Herr Faymann.

THOMAS:
Und damit es wie im richtigen Leben ist, hat er seinen wichtigsten Berater mit-genommen. Nämlich den Kronen-Zeitung-Innenpolitik-Chef Claus Pándi.

(Robert holt einen Koffer schleppt sich ab.)

ROBERT:
Pfuhh! Der ist voll!

(... und stellt ihn neben den Sessel.)

FLORIAN:
Erste Frage an Sie, Herr Bundeskanzler:

(Zuspielung: Auf der Leinwand erscheinen vier Reihen à je vier Porträtfotos von Werner Faymann.)

Haben Ihnen die Eltern eigentlich auch immer wieder gesagt:

ROBERT:
Schneid kein G'sicht, das kann stecken bleiben.

THOMAS:
Und wann haben Sie bemerkt, dass das stimmt?

FLORIAN:
Aha. Der Vorgeladene verweigert die Aussage.

(Zum Publikum:)
Wir wissen eh, dass das nur ein Sessel ist.

ROBERT:
Wobei, der Pándi ist zum Verwechseln ähnlich.

THOMAS:
Aber wir fahren einfach die Faymann-Strategie und tun so, als ob nix wär.

ROBERT:
Nächste Frage: In Ihrer Biografie gibt es zwischen 1978 und 1985 eine totale Lücke. Was haben Sie in diesen sieben Jahren gemacht?

THOMAS:
War es das?

(Zuspielung: Filmplakat von „Sieben Jahre in Tibet". Faymanns Kopf auf Brad Pitt montiert.)

ROBERT:
Oder das?

(Zuspielung: Eine animierte Faymann-Figur zerbricht einen Spiegel.)

FLORIAN *(als Voiceover von Faymann gesprochen)***:**
Oh nein, das bringt sieben Jahre Pech. Was mach ich nur? Am besten, ich versteck mich unterm Bett.

(Zuspielung: Die animierte Faymann-Figur versteckt sich unter einem Bett.)

FLORIAN *(als Voiceover von Faymann gesprochen)***:**
Da schau her, da liegt ja schon der Claus Pándi. Ah so nein, das ist nur der Lurch.

ROBERT:
Also, was haben Sie gemacht?

THOMAS:
Nix.

FLORIAN:
Na also, geht ja auch mit ehrlichen Antworten.

THOMAS:
Dann kommen wir zu unserer letzten Frage: Es geht um die ÖBB-Inserate in der Kronen Zeitung. So haben die ausgeschaut:

Unsere Bahn
„Krone"-Leser-Forum

REDAKTION: MICHAEL POMMER UND GREGOR BRANDL

Thomas Piza aus Wien-Liesing kennt die Bahn nur zu gut. Seit 20 Jahren fährt der Angestellte mit dem Zug zur Arbeit, Tag für Tag von Atzgersdorf zum Wiener Praterstern. „Das hat auch viele Jahre lang völlig problemlos funktioniert", schreibt er in einer E-Mail. „Leider hat sich der Zustand dramatisch verschlechtert. Täglich Verspätungen von bis zu sieben Minuten und länger, oft fallen die Züge sogar völlig aus." Das bedeutet warten, warten, warten – im Winter bei Eiseskälte, im Sommer bei brütender Hitze.

Und Herr Piza ist mit seinem Ärger alles andere als alleine. 500.000 Menschen fahren täglich mit den ÖBB. Und viele von ihnen erleben vom kleinen bis zum großen Kummer all das mit, was einem schon am Morgen den ganzen Tag vermiesen kann: Verspätungen, überfüllte oder verdreckte Züge, versperrte Toiletten, kaputte Fahrscheinautomaten, viel zu komplizierte Fahrpläne und so weiter.

Aber: Neuer Minister, neue Chancen. Vergangene Woche hat die „Krone" eine neue Plattform zu diesem Thema ins Leben gerufen. Alle Mails (unserebahn@kronenzeitung.at) und Briefe (zu schicken an die „Kronen Zeitung", Kennwort: „Unsere Bahn", 1190 … tik und Lob, Beschwerden und Verbesserungsvorschläge, positive Erlebnisse und auch Fotos aufgezeigter Missstände. Alle zwei Wochen am Freitag wird der Minister an dieser Stelle dann persönlich zu den Themen Position beziehen und helfen, wo er nur helfen kann.

Hunderte Mails in einer Woche

Natürlich wird nicht jedes Problem sofort lösbar sein, aber Zug um Zug sollen die meisten Beschwerden so schnell wie möglich aus der Welt geschafft werden. Ideen für Verbesserungen jedenfalls gibt es genug. Hunderte Briefe und Mails sind in dieser einen Woche bereits in der Redaktion eingelangt.

Sie fragen – der Minister antwortet
WERNER FAYMANN

Alles für die Passagiere

Ich freue mich über die Möglichkeit, in Zusammenarbeit mit der „Kronen Zeitung" und ihren Lesern die Servicequalität unserer Bahn verbessern zu können. Die besten Experten für Zugsverbindungen, Ausstattungsqualität, größere und kleinere Probleme auf den Bahnhöfen oder das Dienstleistungsangebot der ÖBB sitzen nämlich nicht in den Verwaltungsbüros, sondern täglich in den Zügen. Die Bahnfahrer wissen am besten, wo der Schuh drückt. Die Erfahrung der 500.000 Menschen, die täglich mit der Bahn fahren, möchte ich nützen, um gemeinsam unsere Bahn wieder zu dem zu machen, was sie sein soll: eine österreichische Institution, auf die wir zu Recht stolz sein können.

Bereits die Vorankündigung in der „Kronen Zeitung" hat dazu geführt, dass mich Hunderte E-Mails aus dem ganzen Land erreichten. Dafür möchte ich mich bedanken. Viele davon beschreiben natürlich Probleme, viele aber auch positive Erfahrungen. Eine schöne Geschichte, die mir berichtet wurde, möchte ich gerne an dieser Stelle erzählen:

Frau Isabella Hintenaus aus Wien, eine ältere Dame, fuhr mit dem Zug von Wien nach Neumarkt. Das Gehen und damit das Einsteigen und Umsteigen fällt ihr schwer. Der Schaffner im Zug von Wien nach Linz erkundigte sich, wo sie umsteigen will und erinnerte sie rechtzeitig daran. In Linz, von wo aus die Fahrt nach Neumarkt weiterging, wartete bereits ein anderer Mitarbeiter der Bahn, der ihr beim Umsteigen behilflich war. In Neumarkt schließlich half ihr wiederum der Schaffner beim Aussteigen. Ich möchte mich an dieser Stelle auch im Namen von Frau Hintenaus bei den hilfsbereiten ÖBB-Bediensteten bedanken.

Die Probleme, die mir gemeldet wurden, nehme ich sehr ernst. Ich habe deshalb mit den ÖBB vereinbart, dass innerhalb von zehn Tagen mit den Leserinnen und Lesern, die geschrieben haben, Kontakt aufgenommen wird. Es gibt Probleme, die sofort gelöst werden können, es gibt aber auch komplizierte Fälle, die sicher längere Zeit in Anspruch nehmen. Dennoch werden wir gemeinsam die Qualität unserer Bahn Schritt für Schritt verbessern.

Wenn sich jemand über die Bahn geärgert hat, konnte er an die Krone schreiben und Sie haben dann versprochen, des wird alles besser!

ROBERT:
Jetzt haben Sie derzeit ein bisserl ein Imageproblem. Deshalb unser Vorschlag: Wir schalten für Sie Inserate in der ÖBB, so in Form von Handzetteln, die man in den Bahnabteilen auslegt.

THOMAS:
Und diese Inserate legen wir als Leserbriefkampagne an, wo sich verbitterte Sozis darüber beschweren, was für ein konturloses Stück institutionalisierter Katzbuckelei vor den primitivsten Presseprodukten Sie sind – also so in die Richtung, da können wir uns im Detail noch austoben, von wegen Ideologiemangel, Konzeptlosigkeit, Bunkermentalität und so weiter …

FLORIAN:
Und gleich daneben stehen dann Antworten vom ÖBB-Chef Christian Kern, wo der sagt: „Na ja, so arg is es gar nicht, der Werner halt, kennt's ihn eh, und so …"

THOMAS:
Natürlich mit großen Fotos, also nicht von Ihnen, aber der Kern ist ein recht fescher Kerl, kommt gut an, sehr weltläufig für einen Sozi, sagt man, gilt ja

mancherorts sogar als Kanzler-Reserve, egal: Der sagt dann, nein, ich arbeite dran, dass das besser wird.

ROBERT:
Unsere Frage: Wie viel würden Sie für so eine Kampagne freiwillig zahlen?

FLORIAN:
Ahhh! Jetzt hat es ihm die Red' verschlagen!

ROBERT:
Apropos: Haben Sie eigentlich sehr laut lachen müssen, als Sie beschlossen haben, dass die Asfinag als Autobahnmonopolist um eine Million Euro Werbung machen soll? Ich mein: für was? Damit die Leut net auf chinesischen Billig-Autobahnen nach Linz fahren? Allein die Idee! Asfinag-Inserate! Ich glaub, ich hätt mich angeschissen vor lachen ...!

THOMAS:
Na geh. Wenn der gar net z'ruckhaut, macht's aber irgendwie auch keinen Spaß.

ROBERT:
Na ja, wir danken dem Bundeskanzler ...

(Der Sessel wird resolut gepackt und außer Sichtweite gestellt.)

... und beginnen mit der Analyse: Florian, du als Politologe, wie schätzt du den Auftritt Werner Faymanns beim außerparlamentarischen Staatskünstler-Untersuchungsausschuss ein?

FLORIAN:
Ja, es war sicher nicht der von ihm erhoffte Befreiungsschlag, er hat hölzern gewirkt und streckenweise regelrecht sprachlos. Außerdem hat er schlechte Kinderstube bewiesen: Er hat einen Koffer stehen lassen.

Effektiv in die Politik einzugreifen gelang uns gleich mit unserer ersten TV-Staffel, in der wir die geplante Ernennung des SPÖ-Stiftungsrates Niko Pelinka zum Büroleiter des ORF-Generaldirektors Alexander Wrabetz thematisierten. Der von Nikolaus Ofczarek dargestellte Pelinka und die von Claudia Kottal gespielte SPÖ-Bundesgeschäftsführerin Laura Rudas erlangten dadurch unerwartete Bekanntheit, die ORF-Belegschaft trat geschlossen gegen den politischen Postenschacher in ihrem Unternehmen auf und verhinderten diesen letztlich.

NIKO UND LAURA SAGEN ADIEU

(Einspielung ZIB-Signation)

LAURA:
Guten Abend,
meine Damen und Herren.

NIKO:
Willkommen bei der Zeit im Bild,
sagen Niko …

LAURA:
… und Laura. Die Top-Meldung des Tages kommt aus Österreich: „Werner Faymann hat die Themenführerschaft bei sozialer Gerechtigkeit."

NIKO:
Dazu gibt es bereits Reaktionen. In einer ersten Stellungnahme bestätigte Josef Ostermayer, dass Werner Faymann die Themenführerschaft bei sozialer Gerechtigkeit hat.

LAURA:
Österreich: Beobachter aller Lager rechnen mit einem Ende der äußerst umstrittenen Revolte in Wien. Wir schalten live zu unserem Korrespondenten Niko al Gohari.

(Niko steht mit dunkler Wuschelperücke vor dem ORF-Logo beim Teich.)

NIKO:
Alles ruhig, von Auseinandersetzungen keine Spur. Der Platz da hier ist menschenleer. Offenbar war der „Küniglberger Frühling" ein Sturm im Wasserglas.

Und dieses Glas ist halbvoll. Oder halbleer. Je nachdem. Also 50 Prozent. Circa. Damit zurück ins Studio.

LAURA:
Wir wechseln ins Ausland.
Wozu eigentlich?
Kultur: Das Wiener Burgtheater hat eine Initiative zur Verbesserung der Sprachkultur ins Leben gerufen. Ziel ist es, das rollende „R" wieder verpflichtend im alltäglichen Sprachgebrauch einzuführen.

NIKO:
Sport: Austria hat gewonnen. Überall. Alles.

FLORIAN:
Das pack ich jetzt aber echt nicht mehr.

ROBERT:
Hilfe!

NIKO:
Haha, das ist gar nicht die echte Zeit im Bild, ihr seid uns voll drauf reingefallen!

LAURA:
Das war voll die Rache, dafür, dass ihr unsere vertraulichen Telefonate in eurer Sendung gespielt habt's. Weil wir können euch auch einmal verorschen.

THOMAS:
Okay, ihr seid's uns draufgekommen, aber vielleicht tröstet es euch, dass ihr beim Publikum sehr gut angekommen seid's.

LAURA:
Erzähl mir was Neues, Oida, ich komm immer super an bei die Leute.

NIKO:
Und ich dürfte sehr witzig rübergekommen sein. Da steckt offensichtlich eine Begabung in mir, die gehört in Zukunft mehr gefördert.

ROBERT:
Was hast du denn überhaupt für Pläne?

NIKO:
Ich möcht auf jeden Fall etwas machen im Bereich Berufstätigkeit. Und das könnte ja durchaus auch einmal in eurer Branche sein. Ihr habt selber vorhin gesagt: „In Wirklichkeit ist die Wirklichkeit das beste Kabarett." Und ich bin wirklich lustig.

LAURA:
Also, Klartext Freunde, wenn wir von der Partei euch irgendwann einmal den Niko umhängen könnten, wär uns sehr geholfen und euer Schaden wird's nicht sein. Ich mein, ihr wollt's ja eine Fortsetzung von eurer Sendung machen, oder?

FLORIAN:
An sich ja, aber es wär halt beim Niko wieder die alte Geschichte, wegen seiner Qualifikation.

NIKO:
Ich soll euch beweisen, dass ich lustig sein kann? Nichts leichter als das, passt's auf: Was ist der Unterschied zwischen einem Büroleiter und einem Computervirus? Den Virus kann man unauffälliger installieren.

(Er kämpft, anders als Laura, mit dem Kichern.)

Oder: Was macht ein Büroleiter den ganzen Tag? Faxen.

(Laura sieht ihn ratlos an.)

NIKO:
Das war ein Wortspiel. Mit Faxgerät. Weil, in jedem Büro steht ein Faxgerät. Also früher zumindest. Heute müsste man die Pointe vielleicht anders formulieren. Mit Mailen vielleicht, wobei das geht dann von der Doppelbedeutung her nicht so gut, weil wenn wer Unfug macht, sagt man, der macht Faxen. Und nicht Mailen. Da müsste man den ganzen Witz neu strukturieren.

LAURA:
Niko, bitte.

NIKO:
Also wenn du mich so drum bittest: Okay, noch einen: Kommt ein Mann in ein Büro und sagt zum Chef: „Ich bin Ihr neuer Büroleiter." Drauf sagt der Chef: „Aha. Wie kommen Sie auf diese Idee?" Drauf sagt der Mann: ... Wart, was sagt er ...

LAURA *(zu den Staatskünstlern)*:
Er muss ja nicht unbedingt vor der Kamera ... Vielleicht könnt's ihr ihn irgendwie als Consulter oder so ...

NIKO:
Der Mann sagt nämlich was total Lustiges drauf, wodurch sich herausstellt, dass in Wirklichkeit ... wie war das?

LAURA:
Also Freunde, ich bin dahin.

(Sie steht auf und geht.)

NIKO:
Na wart, mir fallt's gleich wieder ein. Der Mann sagt zum Chef ... na geh ... das gibt's ja nicht, ... dass mir ausgerechnet da die Pointe nicht einfällt.

(Das Licht im Studio erlischt fast völlig.)

NIKO:
Der Mann sagt ... äh ... ist da jemand?

Von ihrer einstigen Machtfülle kann die SPÖ heute nur träumen. In der Oppositionsrolle ist sie noch nicht wirklich angekommen.

SPÖ IN OPPOSITION

ROBERT:
Allgemein sind sich ja die Beobachter einig, dass die SPÖ noch nicht ganz in die Oppositionsrolle gefunden hat.

THOMAS:
So wie man auch sagen könnte: Hans Krankl bringt derzeit vermutlich nicht ganz die konditionellen Voraussetzungen mit, im Nationalteam wieder aktiv als Mittelstürmer zu spielen.

FLORIAN:
Wobei diese beiden Beispiele auch gemeinsam haben, dass das in voller Tragweite vermutlich weder dem Hans Krankl noch der SPÖ bewusst ist.

THOMAS:
Die Opposition hat in Österreich derzeit die Funktion von einem Petersilsträußerl zu einem Wiener Schnitzel: Man isst es nicht mit, aber wenn es nicht am Teller liegt, geht einem doch etwas ab.

ROBERT:
So wie sich die Opposition allerdings derzeit präsentiert, ist man sich nicht ganz sicher: Is des jetzt a Petersilsträußerl oder is einfach der Teller dreckig?

Seit die SPÖ in Opposition ist, kann sie auch einer ihrer Lieblingsbeschäftigungen nicht mehr nachgehen, nämlich Regierungsinserate zu schalten. Eine Tätigkeit, die auch uns immer sehr gereizt hätte.

WIR WOLLEN REGIERUNGSINSERATE

ROBERT:
Hier ein paar Beispiele für Regierungsinserate, die Sie jederzeit in unserem Programm zu marktüblichen Tarifen schalten können:

Als Ergänzung zu den Inseraten fänden wir auch Presseförderung für uns absolut angemessen. Wir würden dafür auch förderungswürdige Produkte auf dem Markt platzieren.

UNSERE ZEITUNGSPROJEKTE

ROBERT:
Der Pressereferent der oberösterreichischen Landesregierung, Gerhard Hasenöhrl, hat unlängst gesagt: „Inserate sind Presseförderung, die man mit der Gießkanne machen muss."

THOMAS:
Das erklärt, warum die Familien Dichand und Fellner in den letzten Jahren direkt unter der Gießkanne quasi den Meldezettel ausgefüllt haben.

FLORIAN:
Aber es erklärt nicht, warum zum Beispiel wir nix kriegen.

ROBERT:
Genau. Wir wollen da auch einmal im Regen stehen.

FLORIAN:
Die Recherche-Plattform Dossier hat ausgerechnet, dass die Ausgaben der öffentlichen Hand für Werbung in Österreich bei rund 200 Millionen Euro im Jahr liegen. Und aus diesem Grund haben wir beschlossen: Wir gründen eine Zeitung.

THOMAS:
Wie sie genau ausschauen soll, wiss'ma noch nicht.

ROBERT:
Was aber fest steht, ist: Die Blattlinie ist je nach Inseratenaufkommen verhandelbar.

FLORIAN:
Hier unser erster Entwurf:

10 Tipps im Blattinneren

Millionen-Subvention für Nestbeschmutzer

Von heute bis in alle Ewigkeit
STAATSKÜNSTLER

Elfriede Jelinek: Jetzt rede ich!

STAATS KÜNSTLER Zeitung
www.staatskuenstler.at

MOPPEL JACK-POTT
HEUTE MORGEN UND DER TAG DANACH!
POTT-O

In einem nicht näher definierten Anfall von Gesprächigkeit fand sich die Österreicherin Elfriede Jelinek zu unserer wöchtentlichen Geld-Verprass-Sause in der Villa ein. Die Gelegenheit nutzend, gab sie den Staatskünstlern ausreichend Material für diverse Schmutz- und Mistkübelkampagnen gegen die österreichische Politik, die Staats- künstler und gegen sich selbst. Näheres erfahren sie im Blattinneren. (Seite 5)

Die Staatskünstler: Wie immer geile Scheiße am Laufen

FLORIAN:

Das wäre unser zweiter Vorschlag:

FLORIAN:

Und das die dritte Alternative:

Aber auch eine andere Geschäftsidee, bei der wir ebenso auf Unterstützung aus der Politik hoffen, haben wir Staatskünstler schon präsentiert:

LUDOMATIC

FLORIAN:
Meine Damen und Herren, wir präsentieren Ihnen unsere brandneue Firma, den Glücksspielkonzern Ludomatic!

THOMAS:
Bei unserem Slogan sind wir uns noch nicht ganz einig. Entweder: „We care, so fair, oh yeah!"

ROBERT:
Oder die ehrlichere Variante: „Geld her, gern auch mehr!"

THOMAS:
Jetzt werden Sie sagen: „Entschuldigung, braucht man da nicht eine Genehmigung?"

FLORIAN:
JEIN! In Tirol zum Beispiel nicht! Dort ist es komplett verboten! Aufgestellt sind aber 1.500 Automaten, obwohl es laut Landesgesetz illegal ist!

THOMAS:
Jetzt werden Sie sagen: „Typisch! Da drückt die Politik wieder ein Auge zu!"

FLORIAN:
JEIN! Eines vielleicht! Das andere schaut ganz genau auf die Automaten hin. Und erkennt:

ROBERT *(auf Tirolerisch)*:
Legal – illegal – scheißegal. Mander, Zeit isch, dass ma da auch mitschneiden: Kassier ma halt von die verbotenen Automaten koa Glücksspielsteuer, sondern die Vergnügungssteuer.

FLORIAN:
Also ist es eher egal, ob wir für unsern Glücksspielkonzern eine Genehmigung bekommen, wir brauchen nur das Wohlwollen der Politik; aber da simma zuversichtlich.

THOMAS:
Die Österreicher geben pro Jahr circa 3,6 Milliarden Euro für Glücksspiel aus. Da wird die Politik auch in Zukunft Freund des Glücksspiels bleiben. Denn wenn einmal dem kleinen Sparer das Sparpaket auf der Gurgel kniet, wird er dagegen nicht rebellieren, sondern lieber versuchen, sich per Hauptgewinn den rettenden finanziellen Luftröhrenschnitt zu verpassen.

FLORIAN:
Außerdem bringt Glücksspiel nicht nur Steuereinnahmen, sondern ist eine erfolgreiche Maßnahme gegen Jugendarbeitslosigkeit und schafft Arbeitsplätze. Zum Beispiel im Strafvollzug. Mehr als die Hälfte der Häftlinge im Jugendgefängnis sitzen dort wegen Beschaffungskriminalität ein. Nicht wegen Drogen, sondern wegen Automatenglücksspiel.

ROBERT:
Und solang die da drin hocken, versauen sie auch dem AMS nicht die schönen Jugendarbeitslosigkeits-Statistiken.

THOMAS:
Aber auch für Erwachsene wird
der Verdrängungswettbewerb
am Arbeitsmarkt entschärft.
Weil 20 Prozent der Spielsüchtigen
zur Finanzierung ihrer Sucht Straftaten
begehen, und davon sind 91 Prozent
Automatenspieler. Jeder neu aufgestellte Automat garantiert einen
Spielsüchtigen mehr! Also ein Fall
von gelebter Evolutionstheorie:
Aus einarmigen Banditen
entstehen zweiarmige.

FLORIAN:

Jetzt werden Sie sagen: „Tolle Sache, da muss man ja dafür sein – einziger Einwand: Ist es nicht vom streng moralischen Standpunkt her gesehen ein bissl ... Oasch?"

ROBERT:

Jein.

THOMAS:

Wir stehen für Responsible Gambling. Nach dem Vorbild von Initiativen wie Responsible Drugselling oder Responsible Handtaschlziehing sagen wir Nein zu sturen, unflexiblen Verboten.

ROBERT:

Aber es gibt noch ein weiteres Argument, das moralisch für uns spricht. Wir sind der einzig ökologisch korrekte Glücksspielanbieter Österreichs.

FLORIAN:

Unsere Geräte werden mit 100 Prozent Ökoenergie betrieben und sind nicht nur CO_2-neutral, sondern auch zu 100 Prozent bio! Hier ist unser „Agruminator 3000".

THOMAS:

Er ist aus 100 Prozent heimischem Holz aus nachhaltiger Forstwirtschaft gefertigt und verwendet ausnahmslos biologisch abbaubare Glückssymbole. Wir dürfen das einmal demonstrieren.

(Robert geht hinter die „Maschine" und holt hinter dem Sofa einen Obstkorb hervor. Er setzt eine Schlafmaske auf und beginnt im Obstkorb zu wühlen. Thomas macht währenddessen elektronische Dudl-Geräusche nach, Florian wirft Münzen in das an den Agruminator angeklebte Sparschwein und drückt einen Hebel nach unten, worauf Robert eine Banane, einen Apfel und eine Orange auf die drei Bahnen des schrägen Bretts legt, von wo sie zum Ende der Kiste hinunterkullern.)

ROBERT:

Bei manchen unserer Konkurrenten gibt es ja immer wieder Gerüchte, dass deren Automaten im Netzwerk geschaltet und zentral gesteuert sind. Dieser Verdacht wird bei uns schon im Keim erstickt. Unser Agruminator ist vollkommen manipulationssicher, wir dürfen das kurz beweisen.

THOMAS:

Der Robert sieht absolut nix.

(Es wird vor Roberts Augen herumgefuchtelt.)

ROBERT:

Gar nix, ich kann daher unmöglich erkennen, welche Frucht ich gerade aus dem Jackpot ziehe.

(Er holt eine Ananas hervor. Florian schmeißt wieder Münzen ein und zieht am Hebel, Thomas macht Geräusche, Robert lässt drei Ananas runterrollen. Thomas macht Jackpot-Geräusche, Florian jubelt.)

FLORIAN:
Unglaublich, schon beim zweiten Spiel gewonnen, das heißt eine Gewinnchance von 50 Prozent!

ROBERT:
Gratuliere! Sie sind der Gewinner der goldenen Ananas.

(Er überreicht Florian eine der drei Ananas.)

FLORIAN:
Spiel, Spaß und Vitamine, bei Ludomatic bin ich immer ein Gewinner!

THOMAS:
Bei uns können Sie aber auch auf Sportereignisse wetten. Einer unserer Konkurrenten lässt ja bekanntlich auf Hunderennen wetten. Diese Rennen sind aber keine Live-Übertragungen, sondern Aufzeichnungen, die schon vor vielen Jahren gemacht wurden.

FLORIAN:
Man kann also davon ausgehen, dass die dort gezeigten Hunde längst verstorben sind. Die vom Glücksspielskonzern wissen also nicht nur vorher schon, wie der Hase läuft, sondern auch,
wo der Hund begraben liegt.

ROBERT:
Das ist in Österreich legal, man muss es nur in die allgemeinen Geschäftsbedingungen reinschreiben und weil wir das auch gemacht haben, gibt es jetzt unsere Evergreen-Sportwette.

(Zuspielung: Krankl stürmt in Cordoba zum 3:2 Richtung Tor [natürlich mit Finger-Kommentar], das Bild wird gestoppt.)

FLORIAN:
Kurz zur Erklärung: Der Stand dieses Spiels Österreich gegen Deutschland ist 2:2. Und wir wollen wissen, wie dieses Spiel ausgeht!

THOMAS:
Dazu brauchen wir jetzt einen Freiwilligen aus dem Publikum, der die Ehre hat, als Erster unsere Sportwette zu testen. Er oder sie muss uns die Frage beantworten, wie dieses Spiel ausgeht! Einsatz sind 20 Euro.

(Robert geht ins Publikum und bittet einen Zuseher auf die Bühne.)

ROBERT:
Wenn Sie uns den nächsten Torschützen auch noch beim Namen nennen können, haben Sie die Chance auf den Superjackpot und können Ihren Einsatz sogar verzehnfachen!

(Robert nimmt den Wetteinsatz entgegen. Der „Kandidat" sagt 3:2 als Ergebnis und Hans Krankl als Torschützen voraus.)

ROBERT:
So, wir kommen zur Auflösung.

(Zuspielung: Das Video läuft weiter. Es wurde von uns vorher so manipuliert, dass Hans Krankl, anders als damals in Cordoba, am Tor vorbeischießt. Dann wird auf den Schlusspfiff geschnitten. Jubel der österreichischen Mannschaft.)

ROBERT:
Ja, da jubeln die Österreicher über das Unentschieden. Das Spiel endet 2:2. Für Sie bedeutet das: leider nein! 20 Euro verloren!

(Robert steckt die 20 Euro ostentativ in die Jackentasche.)

FLORIAN:
Sportfans werden es vielleicht sogar erkannt haben: Das war ein Ausschnitt aus dem legendären Cordoba-Spiel. Für alle Insider, die jetzt sagen: Ich glaub, mich erinnern zu können, dass das damals anders ausgegangen ist – möglich, aber das war Originalmaterial, wir haben ja nicht gesagt, wie viel wir davon verwenden werden.

ROBERT:
Steht so in unseren allgemeinen Geschäftsbedingungen.

THOMAS:
Ja, vielleicht noch einmal zur Erinnerung: Ungeachtet aller bereits erwähnten positiven gesellschaftlichen Effekte handelt es sich hier bei uns um Glücksspiel. Und Glücksspiel heißt: Der Spieler hat ein Glück, wenn er nur viel verliert und nicht alles.

Sollte auch das nicht klappen, könnten wir ja immer noch Hofnarren werden. Aber dieser Job hat in Österreich eine belastete Vorgeschichte.

WIR HOFNARREN

THOMAS:
Das ist in Österreich schwierig, weil schon die Habsburger schlechte Erfahrungen mit Hofnarren gemacht haben. Wahre Geschichte: Ein Hofnarr hat nämlich bei einer Darbietung einen Verwandten von Herzog Leopold I. versehentlich mit einem Stein erschlagen.

ROBERT:
Da leidet man als Komiker mit dem Kollegen. Wenn eine Pointe nicht so einschlägt.

THOMAS:
Der Hofnarr wollte die Situation noch retten und hat gesagt:

FLORIAN *(als Hofnarr)*:
Servicefehler. Meine Schuld! Aber wer ohne Schuld ist, der werfe ... Na! War jetzt nicht die super Pointe, aber ... besser als ein Stein am Schädel, oder?! Aaah ...

THOMAS:
Und deshalb hat sich in Österreich keine richtige Hofnarren-Tradition entwickelt.

ROBERT:
Was schade ist, weil der Hofnarr sollte nicht nur unterhalten, sondern auch beraten. Er durfte dem Herrscher ja auch alles sagen!

THOMAS:
Stellen Sie sich vor, wenn der Kaiser Franz Joseph Hofnarren gehabt hätte, die ihm voll die Wahrheit gesagt hätten.

FLORIAN:
Stell ma des vielleicht kurz nach.

ROBERT:
Passt. Wer macht den Kaiser?

(Thomas und Florian schauen Robert an. Dieser gibt zu verstehen, dass er nur über seine Leiche bereit ist, den Kaiser zu geben, Florian übernimmt, die beiden anderen singen im Stile Pirron und Knapps:)

Im fernen Sarajevo
derschießens eam den Sohn
drum huckt der oide Tattergreis
noch immer aufn Thron

Und stellt ein Ultimatum
das hab'n die Serbn net gern
weil's dann in sechzig Jahrn bei uns
Künetten graben wern, in Wean

Dann macht er an Weltkrieg
doch für an Kriegssieg
wär' bissl Hirn ganz gut
mia hab'n nur blaues Blut

Drum wern Soldaten
zuhauf verbraten
und tun dann vor Verdun
im Gatsch darfäuln

Danach gibt's in Europa zwar
kurz Frieden
und unser Staat schimpft sich

dann Republik
Doch der ist auch kein langes Glück
beschieden
und schon sehr bald gibt's dann,
bald gibt's dann, bald gibt's dann
wieder an Krieg

Heut wirken Euer Gnaden
als wie der liebe Gott
wollt's wirklich im Geschichtsbuch
stehen
als frommer Idiot?

Ihr wird's es ned daleben,
Das End der Monarchie
bevor die nämlich Bläule geht
seid's Ihr scho selber hi'

Und Euer Sohn kann
zwar auf den Thron dann
doch wird er akkurat
glei wieder hockenstad

Und selbst die Sissi
verfallt a bissi
und endet sehr banal
als Musical

FLORIAN *(als Kaiser)*:
Und was in hundert Joar ist
das wiss'ma schon genau
ein kleiner blader Wixer
wird Kaiser im TV.

ROBERT:
AUS!!! AUS!!! AUS!!!
Das bringt uns jetzt wirklich
nicht weiter!!!

Immerhin durften wir „Staatskünstler" als Hofnarren auch am Burgtheater gastieren. Und zwei wesentliche Stützen des dortigen Ensembles waren regelmäßige Gäste in unserer Sendung. Dass beide auch als Salzburger „Jedermann" aktiv waren, hat uns zu einer ganz speziellen Szene inspiriert.

JEDERMANN UND JEDERMANN

(Niki Ofczarek sitzt im Bademantel vor einem klassischen, glühbirnengesäumten Garderobenspiegel. Er schneidet gelangweilt Gesichter und greift dann nach einer Zigarette, die er anzündet. Als er nach unten in die Flamme schaut, tritt, angetan mit dem samtnen Wams und den seidnen Strümpfen des reichen Mannes, Conny Obonya hinter ihn. Er holt weit aus und schlägt ihm mit der klassischen Geste des Todes von hinten vor die Brust.)

CONNY:
Eeeeexjeedermaaann!

NIKI *(verkutzt sich vor Schreck an der frisch angezündeten Zigarette; keuchend)*:
Heast, du bist ein Trottel, heast! Sag amal, was hast denn da an? Du schaust aus wie ein Wurschtl.

CONNY *(dreht sich und präsentiert stolz sein Kostüm)*:
Ein prächtig Schwelger und Weinzecher
Ein Buhl, Verführer und Ehebrecher
Ungläubig als ein finstrer Heide
In Wort und Taten frech vermessen.

NIKI:
Und seines Gottes so vergessen
wie nicht das Tier auf seiner Weide
ja ja, i waaß eh.
Obwohl: Is das nicht der Text vom Teufel?

CONNY:
So ehr ich alter Rampensäue Brauch:
Wird einer krank, spiel ich die Rolle auch.

NIKI:
Na ja, wer weiß, für was' gut is. Ich mein, ihr seid's ja die Ersten heuer, wo das Anfütterungsverbot gilt und die Konzernchefs nimmermehr mit Festspielkarten um sich schmeißen dürfen. Schau ma mal, wie sich das auf den Besuch auswirkt. Vielleicht müssen's am Domplatz auch sparen und fangen an, alle Rollen von ein, zwei Schauspielern spielen zu lassen. *(Lacht.)* Weißt eh, wer zu spät kommt, den bestraft das Leben.

CONNY:
Ei wohl, wir fürchten bitt're Not
Dass durch der Anfütt'rung Verbot
Manch stolzer Bock, manch zarte Zicke
Trotz Kameras der Seitenblicke
Umschichtet sein Kulturbudget
Zu Frankenwein und Kalbsfilet
Und fürder ausbricht überall
Kultur- und auch Glamour-Verfall
Dass, was einst Pracht und Ansehen
und Hoffart und auch Aufblähen
verdorret als ein toter Stecken
Wenn's dann heißt: Freunde: Selber pecken!

NIKI:
Ah, jetzt kapier i, was los is mit dir. Dir is der Jedermann stecken blieben! Du findst aus der Sprach nimmer ausse.

CONNY:
Wahr ist's, ich leide bittre Qual
Mein Mund redt' nur noch Hofmannsthal.

NIKI:
Das hatt' ich auch, das ist normal ...

(Er merkt, dass er unabsichtlich gereimt hat, und bemüht sich rasch wieder um normale Ausdrucksweise.)

... also in die ersten paar Monat. Zuerst glaubst, du kannst nie wieder a Leberkassemmel bestelln, ohne dass du irgendsowas sagst wie:
„Des Fleischerstolzes sanfte Schwere
umhüllt vom Wams aus güldner Ähre ..."
Aber dann legt sich's wieder. Auf der anderen Seite ist der Jedermann natürlich net schlecht zahlt und PR-mäßig sowieso der Wahnsinn.

CONNY:
Sogar der Neid beugt sich zum Gruß
gibst du dem News erst Interviews.

NIKI:
Jo, i was eh. Ich frag mich nur:
Machst du nach mir gute Figur?

CONNY:
Du hast dein Amt recht wohl verwaltet
Zwar mehr verkörpert als gestaltet
Doch davor, nach dir zu bestehn
Muss mir wohl nicht die Düse gehn.

NIKI:
Auf jeden Fall beweist du Mut
Du weißt: Im Walde pfeift sich's gut.

CONNY:
Beiseit' der Frag, ob ich wohl bang':
Mir scheint, du reimest unter Zwang?

NIKI:
Da haut's mir schier die Wäsche weg,
mich deucht, ich habe ein Flashback.

CONNY:
Und sonst? Bist du des Lebens froh?
Was macht denn die Karriere so?

NIKI:
Geb nun nit mehr den Jedermann
Jetzt hebt ein and'res Leben an
Mit ihm die Urfrag uns'rer Welt:
Mit was verdien ich Sommers Geld?
Soll ich verdingen mich für immer
in Berndorf, Reichenau und schlimmer?
Soll ich die müde Seel' ausrasten
bei Serien-Schas im Fernsehkasten?
Meint es mir gar der Himmel gut
Und ich fahr auf nach Hollywood?

CONNY:
Na ja. Schau ma mal, dann werd ma's eh sehn. Aber schön, dass wir wieder amal zum Plaudern kommen sind.

NIKI:
Ja, super war das, fein. Müss ma unbedingt amal wieder ...

CONNY:
Ruf ma sich z'sam, ha? Also, du Lieber: Bussi!

NIKI:
Bussi, du!

(Sie küssen sich mit einer Glaubwürdigkeit, wie sie nur ganz große Menschendarsteller herstellen können.)

Aber wir haben uns nicht nur mit christlichen Mysterienspielen beschäftigt, sondern auch mit solchen rund um zeitgenössische Glaubensrichtungen.

HERABWÜRDIGUNG DES KAPITALISMUSGLAUBENS

FLORIAN:
Eine wichtige Staatskünstlerpflicht ist natürlich auch die kritische Auseinandersetzung mit Religion. Am besten in Kombination mit einem saftigen Tabubruch.

ROBERT:
Oder, wie wir vom Fach sagen, man macht einen Hundertachtundachtziger.

THOMAS:
Der Kollege meint Paragraf 188 Strafgesetzbuch – Herabwürdigung religiöser Lehren.

FLORIAN:
Wir wollten ursprünglich in staatskünstlerischer Solidarität mit Hermann Nitsch eine Orgien-Mysterien-Blutwurscht kreuzigen.

ROBERT:
Aber das regt heutzutage niemanden mehr auf. Frank Castorf lässt dieser Tage auf der Bühne des Münchener Residenztheaters auf Kruzifixe urinieren. Was passiert? Die wenigen im Publikum, die noch wach sind, applaudieren.

THOMAS:
Da sieht man, welche Religion wirklich stark ist. Brunz einmal am Samstagnachmittag in der SCS einen Bankomaten an, da wirst du gelyncht.

ROBERT:
Wir werden daher Ihre und unsere Zeit nicht damit vergeuden, mit einem blasphemischen Tabubruch die katholische Kirche zu provozieren, und wollen stattdessen eine rücksichts- und geschmacklose Verhöhnung der Kapitalismusgläubigen bieten ...

FLORIAN:
... und unter dem Deckmäntelchen der künstlerischen Freiheit die religiösen Gefühle der Mehrheit verletzen.

ROBERT:
Sozusagen Hundertachtundachtziger 2.0.

FLORIAN:
Grundsätzlich funktioniert der Kapitalismus ähnlich wie der Katholizismus. Beides ist kompliziert, aber das Wichtigste ist der Glaube.

THOMAS:
Das begünstigt natürlich auch den Austausch zwischen den beiden Gruppen. Jemand, der es für selbstverständlich hält, dass eine Hostie gleichzeitig das Fleisch von jemandem ist, der gleichzeitig Mensch und Gott und sein eigener

Papa und eine Taube ist, der hat auch kein Problem damit, das Derivat einer Option auf eine Versicherung eines Immobilienkredits für eine sichere Geldanlage zu halten.

FLORIAN:
Diese Komplexität begünstigt in beiden Fällen den Hang zur Sektenbildung: Im Mittelalter gab es die Flagellantenbewegung, wo die Leute sich selber blutig gepeitscht haben. Ihre zum Kapitalismus konvertierten Nachfahren haben vor ein paar Jahren das Gleiche gemacht mit Meinl-Aktien.

ROBERT (*während er Bewegungen macht, als würde er sich selbst geißeln*):
Meinl International Lanc, Meinl International Airport, Meinl International Power ... aua!

THOMAS:
Und auch sonst kann man als Konvertit an einigen bewährten Strukturen festhalten: Die Allwissenheitsposition der strengen, aber gerechten Instanz heißt nicht mehr Gott, sondern Markt. Beziehungsweise, vielleicht eh eine bewusste Anlehnung an die katholische Dreifaltigkeitslehre, hat sich ja der Markt vermehrt und heißt neuerdings: die Märkte. Also vermutlich: Markt Vater, Markt Sohn und das heilige Rating als vermittelnde Instanz zwischen Mensch und Markt.

FLORIAN:
Und die Märkte agieren eh wie früher der Herrgott, aber eher der aus dem Alten Testament: ein irrsinniges Häferl. Man darf ihn ja nicht erzürnen, man darf die Märkte nicht nervös machen, gleich laufen's davon wie die nervösen Pferderln ...

ROBERT:
... und statt der Sintflut platzt eine Spekulationsblase wie ein Eiterwimmerl.

THOMAS:
Auf jeden Fall wollen jetzt wir einen skandalösen Tabubruch begehen, mit dem wir alle Kapitalismus-Gläubigen in ihren religiösen Gefühlen aufs Gröbste verletzen.

FLORIAN:
Wir werden Geld verbrennen! Also, nicht so wie in Österreich alltäglich mit Volksbank retten oder Hypo Alpe Adria ...

THOMAS:
Nein, nicht nur bildhaft gesprochen, sondern so richtig: Wir verbrennen einen 500-Euro-Geldschein.

ROBERT:
Wart, wart, wir haben nur g'sagt: einen Geldschein.

THOMAS:
Scheiß dich nicht an, das zahlen eh die vom Rabenhof.

FLORIAN:
Nein, die haben das abgelehnt.

THOMAS:
Mit welchem Argument?

ROBERT:
Die haben gesagt, sie san ja ned deppert.

THOMAS:
Hey Burschen, kommt's, das muss uns eine beinharte Kapitalismuskritik schon wert sein!

FLORIAN:
Ja eh, wir verbrennen 500 Euro, das ist der volle Provokationsknüller.

ROBERT:
Also, auf geht's.

(Pause.)

THOMAS:
Ich hab leider nix einstecken.

ROBERT:
Ich auch nicht. Auf der Bühne nie. Ist ein alter Theater-Aberglaube.

FLORIAN:
Genau! Pfeifen auf der Bühne, Gabriel-Barylli-Texte aufsagen und Bargeld einstecken – bringt alles Unglück.

(Pause.)

ROBERT *(Zum Publikum)***:**
Hätten Sie vielleicht was?

FLORIAN:
Na kommen S', es ist für einen guten Zweck.

THOMAS:
Ist da jemand?

ROBERT:
Na, wart einmal ...!

(Er läuft zu einem Dekorationsstück.)

Na bitte: Der Fünf-Euro-Schein, den wir hingelegt haben, um zu schauen, ob ihn die Putzfrau eh net fladert – der is noch da!

FLORIAN:
Brav, Fatima! Vorbildlich!

THOMAS:
Wenn böser Mann in Innenministerium dich abschieben probieren – wir machen Lichterkette!

ROBERT:
Obwohl: Es is halt nur ein Fünfer.

FLORIAN:
Besser als ein Stein am Schädl.

THOMAS:
Die brennen angeblich eh besser.

FLORIAN:
Da sieht man auch die Flammen besser vorm grauen Hintergrund.

THOMAS:
Okay, ich zünd's an.

ROBERT:
Na, ned in der Mitten. Am Rand schaut's besser aus.

(Er sengt den Rand leicht an, worauf Robert sofort den Geldschein auf den Boden fallenlässt, die Flammen austritt und ihn unauffällig wieder einsteckt.)

ROBERT:
So, da muss man aufpassen wegen der Feuerpolizei.

FLORIAN:
Ja, ich glaub, die Botschaft ist angekommen.

Zu Schnittstellen von Kapitalismus und Religion haben wir auch eine der bizarrsten Figuren der österreichischen Politik zu Wort kommen lassen.

FRANKIE GOES TO BALLHAUSPLATZ

INTERVIEWER:
Herr Stronach, Sie haben in einem Vortrag erzählt, dass Sie sich im Wald auf einen Baum setzen und beten.

FRANK STRONACH:
Ja, ich rede viel mit Gott!

INTERVIEWER:
Dürfen wir fragen, worüber Sie mit Gott reden?

FRANK STRONACH:
Er hat sehr viele Fragen an mich.

INTERVIEWER:
Gott stellt Ihnen Fragen?

FRANK STRONACH:
Ja weil, er will halt die Wahrheit wissen! Und weil er ist allwissend, weiß er auch, wo er die Wahrheit erfahrt.

INTERVIEWER:
Das Gespräch mit Gott ist Ihnen also wichtig.

FRANK STRONACH:
Ja, vor allem ihm ist es wichtig. Aber i red gern mit ihm, er ist ein tüchtiger Kerl. Kummt aus ganz afoche Verhältnisse, geboren auf einem Strohsack, Vater ungeklärt, er hat angfangt als einfacher Arbeiter, als Zimmermann, immer fleißig, hat sich hinaufgearbeitet, und jetzt schau dir an, wo der heute steht.

INTERVIEWER:
Möchten Sie damit sagen, dass ...

FRANK STRONACH:
Und ganz früh selbstständig hat er sich gemacht, da hat er amal gegründet an kleinen Betrieb, ohne Startkapital, mit grad amal zwölf Leut' und heute ist das ein Weltkonzern.

INTERVIEWER:
Sehen Sie da Parallelen zu ...

FRANK STRONACH:
Jetzt hat dort die Konzernleitung den Gründer ausm Board gekauft, weil's glauben, sie sind gescheiter im Tagesgeschäft, aber da hab ich ihm gesagt: „Horch zu, die wern dich noch auf Knien anflehen ..."

INTERVIEWER:
Identifizieren Sie sich also mit ...

FRANK STRONACH:
Und das alles nur, weil er tüchtig war. Hat er dafür gebraucht eine Gewerkschaft? Naa. Er hat sogar in seiner Freizeit Tachinierer wie den Lazarus wieder arbeitsfähig gemacht. Und selber war er kein' einzigen Tag im Krankenstand. Muasst dir vorstellen: Am Freitag ist er g'storben, und am Montag war er schon wieder in der Arbeit.

Über das politische Vermächtnis Frank Stronachs gibt es nicht mehr viel zu sagen. Der letzte traurige Rest saß bei Drucklegung dieses Buches in Gestalt von Robert Lugar für die FPÖ im Parlament. Dabei hatten wir ihm so große Hoffnungen für die Zukunft gemacht. Und mit ihm einen Vorläufer zum „Ibiza-Video" gedreht.

UNSER GEHEIMES GESPRÄCH MIT ROBERT LUGAR

ROBERT:
Ja, das Team Stronach ist nach der Wahl Geschichte. Und schon allein deshalb wollten wir in dieser Sendung noch ein letztes Mal Klubobmann Robert Lugar zu Wort kommen lassen.

FLORIAN:
Er hat auch mit uns geredet, aber ohne zu wissen, dass er mit uns redet.

THOMAS:
Geredet hat er aber mit unserer geschätzten Kollegin Antonia Stabinger.

(Insert: Screenshot von Stabinger wird gezeigt.)

ROBERT:
Aber auch nur, weil er nicht g'wusst hat, dass er mit IHR redet.

THOMAS:
Nein, geglaubt hat er, er spricht mit einer gewissen Florentina Wegschneider. Und mit der hätt' er wahrscheinlich auch nicht geredet, wenn ihm die nicht im Auftrag von quovadisveritas.com.co.at kontaktiert hätt, einer neuen politischen Bewegung, hinter der angeblich ein sehr wohlhabender älterer Mann mit einem gesellschaftspolitischen Anliegen steht.

ROBERT:
Die Frau Wegschneider hat dem Herrn Lugar auch eine Kopie des großen Didi-Mateschitz-Interviews geschickt, mit dem Hinweis, dass man gern dem Lugar seine Meinung dazu wüsste.

(Insert: Faksimile des Mateschitz-Interviews aus der Kleinen Zeitung wird gezeigt.)

FLORIAN:
Daraufhin hat sich der Herr Lugar auf ein Treffen eingelassen. Sehr diskret im zweiten Untergeschoß eines Wiener Nobellokals. Mit der Frau Wegschneider.

THOMAS:
Also mit der Antonia Stabinger.

ROBERT:
Also eh mit uns.

THOMAS:
Was er dann dort alles ganz offen in die Kamera erzählt hat, dürfen wir Ihnen leider nicht zeigen, weil uns Herr Lugar die Ausstrahlung dieses Gesprächs per Klagsdrohung verboten hat.

FLORIAN:
Aber wenn Sie wollen, können wir Ihnen zumindest was davon vorlesen.

ROBERT LUGAR:
Ist ja total entspannt hier.

ANTONIA STABINGER:
Ja schon, oder?

ROBERT LUGAR:
Wer ist jetzt genau der Auftraggeber?

ANTONIA STABINGER:
Das darf ich eben leider nicht sagen, aber ich kann Ihnen schon mal erzählen, dass mein Auftraggeber ins Auge gefasst hat, ob er sich parteipolitisch auch engagiert in Österreich …

ROBERT LUGAR:
Okay, okay.

ANTONIA STABINGER:
… und da Sie ja sehr erfahren sind in diesem Bereich … Sie haben ja schon viele Parteien miterlebt, wenn ma das so sagen darf?

ROBERT LUGAR:
Mhm. Viel gesehen, ja. Ja, also wie Sie wissen, ist es mit dem Team-Stronach-Thema zu Ende. Also das wissen Sie wahrscheinlich nicht so genau wie ich.

ANTONIA STABINGER:
Aber nach Salzburg zu ziehen, könnten Sie sich nicht vorstellen?

ROBERT LUGAR:
Ich mein, ich schließe jetzt generell nichts aus. Also für mich geht's darum, dass es weitergeht, da es mit dem Team Stronach nicht weitergehen wird, weil erstens der Frank Stronach das nicht will und zweitens die meisten Abgeordneten das auch nicht wollen. Ich mein, das Problem, was wir da hatten, war, dass Frank Stronach ein unglaublicher Visionär ist.

ANTONIA STABINGER:
Mhm.

ROBERT LUGAR:
Das Problem ist nur, er hat kein Handwerkszeug. Das heißt, das Problem ist, bei ihm hat der liebe Gott, wenn man an den glaubt, die Leidenschaft eingepflanzt, aber das Talent fehlt ihm. Also ich hab ihm damals gesagt, dem Frank: „Schau, halt dich im Hintergrund, ich mach aus dir einen Gott. Und zwar einen Gott, der einfach alles weiß, alles kann, nur du darfst nicht in die Öffentlichkeit. Die Menschen brauchen, ich sag' jetzt, einen König. Die Menschen brauchen jemanden, von dem sie glauben, dass er einfach viel g'scheiter ist, viel besser ist, alles weiß, das brauchen die Menschen."

ANTONIA STABINGER:
Sie sind also offen für Autokratie?

ROBERT LUGAR:
Wenn sie zu einem sinnvollen Ergebnis führt. Das ist immer das Problem zwischen Demokratie und Diktatur. Die Diktatur hat viele Vorteile, aber sie hat einen Riesennachteil: Dass man den Diktator nicht mehr loswird.

ANTONIA STABINGER:
Und wie gehen Sie da um mit Konflikten innerhalb der Partei oder mit Ihren Kollegen?

ROBERT LUGAR:
So wie ein Pferdeflüsterer.

ANTONIA STABINGER:
Vom Alter her wären Sie auch bereit, sich sportlich zu betätigen, auch vielleicht öffentlich, dass man sieht ...

ROBERT LUGAR:
Ich war 25 Jahre Judoka, bin topfit, also ich trainier' drei Mal die Woche, sehr ansehnlichen Körper, also wenn's das ist, aber ich würd mich jetzt nicht ausziehen.

ANTONIA STABINGER:
Ich glaub, ich hab alles gehört, was ich brauche, vielen Dank auf jeden Fall.

ROBERT LUGAR:
Hat mich sehr gefreut.

FLORIAN:
Ja, und dann haben wir gesagt: „Willkommen bei ‚Wir Staatskünstler'!"

Ob Robert Lugar auch in Zukunft im Parlament sitzen wird, wissen wir nicht. Es war schon erstaunlich, dass er es bis jetzt geschafft hat. Noch erstaunlicher ist nur, dass ein gräflicher Waffenlobbyist aus dem Burgenland bei Drucklegung dieses Buches immer noch auf freiem Fuß war.

ALI UND MARIA

(Wir sehen Ali Mensdorff-Pouilly und Maria Rauch-Kallat auf einer antiken Bank sitzen. Im Hintergrund geschmackloses altes Zeug, wie man es auf einem Flohmarkt finden würde, das vorgibt, dass man sich in einem Schloss befindet.)

ALI:

Mein Arzt hat mir g'sagt, ich rauch zu viel, ich trink zu viel und ich bin viel zu viel hinter den Weibern her. Drauf hab ich g'sagt: Ich werd genauso weiterrauchen, ich werd genauso weitertrinken, aber bei die Weiber mach ich einen Kompromiss im Dienste der Gesundheit: Ich heirat nebenbei eine Gesundheitsministerin.

(Er bricht in dröhnendes Gelächter aus.)

MARIA:
Als Erstes hab ich mich ja in seinen Humor verliebt.

ALI:
Schatzi, wenn man dich in der Früh nach'm Aufstehen sieht, braucht man auch Humor.

(Dröhnendes Gelächter.)

MARIA:
Er ist der einzige Mensch, den ich kenne, der immer so lustig ist.

ALI:
Sie ist der einzige Mensch, den ich kenn, der mich immer noch lustig find'.

MARIA:
Also, bitte keine falsche Bescheidenheit. Er ist schon immer und überall eine echte Stimmungskanone.

ALI:
Aufpassen mit dem Wort Kanone. Sonst glauben wieder alle, ich hab was mit Waffen zu tun. Dabei bin ich nur ein einfacher Bauer.

(Maria bricht in kreischendes Gelächter aus.)

MARIA:
Ich sag's ja, so lustig wie er ist sonst niemand.

STIMME AUS DEM OFF:
Hat denn sein Adelstitel bei der Partnerwahl eine Rolle für dich gespielt?

MARIA:
Na ja, wenn jemand so wie er aus einem traditionsreichen Haus kommt, weiß man, er hat feste Prinzipien.

ALI:
So ist es, weil prinzipiell ist mir alles wuascht! *(Lacht.)* Gell, mei Oide! *(Lacht.)*

(Schnitt: Ein Zimmer mit einem Wandschrank und einem Tisch. Maria gerade beim Staubwischen.)

STIMME AUS DEM OFF:
Hilft der Ali auch im Haushalt?

MARIA:
So ein bissl. Also halbe-halbe ist es nicht …

ALI *(ruft aus dem Off)***:**
Wuascht, ob beruflich oder privat:
Mit 10 Prozent bin ich dabei!

MARIA:
Er ist halt recht unordentlich und lasst viel herumkugeln.

(Sie holt unter einem Tisch ein Postkastl hervor.)

Da zum Beispiel.

(Sie ruft Richtung Ali:)
Ali, da unterm Tisch hab ich schon wieder eine Firma von dir gefunden. Wo g'hört die hin?

ALI *(kommt ins Bild und betrachtet das Postkastl)*:
Die gehört auf die Cayman-Inseln.

MARIA:
Aha. Und was macht die dort?

ALI:
Die importiert Export.

(Er geht wieder aus dem Bild.)

MARIA:
Na, dann leg ma's in der Zwischenzeit ...

(Sie sucht einen Ort, wo sie das Postkastl hinlegen könnte, und öffnet einen in Kopfhöhe montierten Wandschrank. Aus diesem ergießt sich plötzlich ein riesiger Haufen an Geldscheinen [diverse Währungen], der Maria entgegenkommt.)

Na geh, Ali, du Schlampertatsch, für was hast denn deinen Hobbykeller!?!

(Wieder Richtung Kamera:)
Männer ...

(Schnitt: Maria und Ali gehen über eine Wiese am Waldesrand.)

MARIA:
Am wichtigsten ist uns aber der unmittelbare Kontakt mit der Natur. Erst neulich ist ein Reh direkt bis zu unserem Küchenfenster gekommen.

ALI:
Ja, und dann hab ich mich draufgesetzt und die Maria hat's dann verkocht.

MARIA:
Der Ali ist so naturverbunden. Er hat mir da auch sehr viel beigebracht. Das zum Beispiel, das hab ich als Stadtbewohnerin gar nicht gekannt.

(Maria bückt sich. Sie hebt eine Handgranate auf.)

Da liegt schon wieder ein Fasanenei.

ALI:
Geh gib her, das gehört in den Export für den Import vom Export.

MARIA:
Du, weil wir grad im Garten sind: Die Rosen haben schon wieder so viele Blattläuse.

ALI:
Na, das hamma gleich.

(Er geht zu einem überschweren Maschinengewehr und feuert mehrere Salven ab.)

ALI:
So, die tust noch übern Winter g'scheit mulchen und dann sind's wieder wie neu.

(Schnitt: Ali und Maria wieder wie zu Beginn auf der antiken Bank.)

STIMME AUS DEM OFF:
Maria, wie ist das eigentlich für dich, dass der Ali auf seine Art so berühmt geworden ist?

MARIA:
Na ja, das belastet mich schon auch. Da werden so niederträchtige Gerüchte verbreitet …

STIMME AUS DEM OFF:
Was sagen denn die Leute so über deinen Mann?

MARIA:
Na, so gehässiges Zeug halt. Dass er ein Waffenlobbyist sein soll, ein Schmiergeldverteiler, ein Geldwäscher … Aber ich hör da gar nimmer hin. Die, die sowas behaupten, das sind auch die Gleichen, die sagen, er ist Brillenträger. Oder dass er einen Schnauzbart hat. Oder Übergewicht und Haarausfall. Also das richtet sich von selbst.

ALI:
Schaun S', über die Maria heißt's auch immer wieder, dass sie ein bisserl ein Traummännlein ist und punkto Hausverstand nicht gerade Allradantrieb hat …
So hat ein jeder sein Binkerl zum Tragen …

(Zu Maria:)
Und du bist halt meins.

MARIA:
Wenn jemand so charmant ist, muss man doch ein Auge zudrücken. Beim Ali am besten alle zwei.

(Sie schließt die Augen und bekommt ein schmatzendes Busserl von ihm.)

Es ist ein bisschen ungerecht, wenn man immer nur die Beschaffung des Eurofighters als Eurofighter-Skandal bezeichnet. Man sollte auch seinen Einsatz würdigen.

TECHNISCHE DETAILS ZUM EUROFIGHTER

THOMAS:
Der Eurofighter, dieses Wunderwerk der Technik, wird ständig wegen technischer Mängel oder ausufernder Kosten kritisiert. Zum Beispiel war zu hören, dass der Hersteller EADS für eine einfache Radmutter 30.000 Euro verlangt.

FLORIAN:
Das wurde mittlerweile dementiert, es handelt sich angeblich um einen Kommafehler. Ob das jetzt bedeutet, dass die Radmutter 3.000 Euro kostet oder 300.000 wissen wir leider auch nicht, aber hier ein Vergleichswert: Die Radmutter eines Formel-1-Autos kostet circa 450 Euro.

ROBERT:
Aber so ein Formel-1-Auto kann auch im Regen fahren. Zum Unterschied vom Eurofighter, der kann bei Regen in Zeltweg nicht landen, weil man den Anti-Rutsch-Belag eingespart hat.

FLORIAN:
Das heißt, bei Regen beginnt die Landung in Zeltweg und endet in Bruck an der Mur.

ROBERT:
Dabei haben sie den Flughafen in Zeltweg extra für den Eurofighter umgebaut, dafür waren sogar 57 Millionen Euro vorgesehen.

THOMAS:
Aber mit der Vorsehung ist das so eine Sache: Es sind dann doch 160 Millionen geworden.

ROBERT:
Na ja, war auch die gleiche Bauleitung wie beim Skylink am Werk. Die wissen, wie man Flieger auf den Boden kriegt, im schlimmsten Fall mit Abschmieren.

FLORIAN:
Für den Eurofighter ist aber das Landen nur das zweitgrößte Problem, das größte lautet: fliegen.

THOMAS:
Vor allem, wenn's kalt ist. Da frieren nämlich die Tore des Hangars zu. Fünf Stück, jedes einzelne hat 360.000 Euro gekostet.

ROBERT:
Ein Bild des Jammers. Da steht dann der Pilot in der Kält'n vorm Hangar: „Wilma!"

FLORIAN:
Wenn einem das beim Auto passiert, nimmt man einen Enteisungsspray, und wenn man keinen bei der Hand hat, dann … nimmt man als Mann die Sache selbst in die Hand. Also körpereigenes Abwasser…

ROBERT:
Und beim Bundesheer heißt es dann wahrscheinlich: „Kompanie, Antreten zum Austreten!“ Da kann man nur hoffen, dass es im Soldatenheim genug Bier gegeben hat.

FLORIAN:
Aber wenn die Tür vom Hangar dann einmal offen ist, dann fangen die Zores erst richtig an!

THOMAS:
Es gibt dazu unterschiedliche Gerüchte, wie viele von den 15 Fliegern im Schnitt tatsächlich flugfähig sind, allerdings kommt bei diesen Schätzungen die Zahl „15“ eigentlich nie vor, das liegt doch alles eher im niedrigen einstelligen Bereich.

ROBERT:
Und die, die überhaupt in die Höh' kommen, hadern dann regelmäßig mit unzuverlässigen Höhenmessern, störrischen Fahrwerken und Bordelektroniksystemen mit einer Neigung zum überlastungsbedingten Burnout-Syndrom.

FLORIAN:
Aber zum Glück gibt es Geräte, die zur Zufriedenheit aller funktionieren. Zum Beispiel das Freund-Feind-Erkennungssystem. Hier ist es!

(Die Staatskünstler zeigen eine 60-Euro-No-Name-Kompakt-Digitalkamera her.)

ROBERT *(als Robert Hartlauer)*:
In unseren Filialen gibt es dieses Hightechgerät unter dem Namen Kompakt-Digitalkamera super günstig. 50 Stück kosten so viel wie eine Eurofighter-Radmutter. Ihr Robert Hartl ... äh, Palfrader.

THOMAS:
Damit müssen unsere Eurofighter-Piloten den Eindringling in unseren Luftraum fotografieren. Das Freund-Feind-Erkennungssystem befindet sich also eigentlich im Gehirn des Piloten, der entscheiden muss:

FLORIAN:
Iranischer Kampfjet im Anflug auf den Stephansdom – Freund oder Feind? Wurscht, Hauptsache, das Foto ist nicht unscharf.

ROBERT:
Schwierig wird es nur, wenn der Feind in der Nacht kommt. Bei der von Norbert Darabos ausverhandelten Sparvariante des Eurofighters wurde nämlich auf das Extra eines Suchscheinwerfers verzichtet. Und deshalb haben die Piloten noch ein zusätzliches Hightechtool im Cockpit: eine Stabtaschenlampe.

(Er präsentiert eine Stabtaschenlampe.)

THOMAS:
Stell ma das vielleicht kurz nach. Angenommene Situation: Ein Eurofighter verfolgt in der Nacht ein nicht identifiziertes Luftfahrzeug. Das heißt: ein Fall für Stabtaschenlampe und Digitalkamera.

FLORIAN:

Natürlich sind hier Piloten im Vorteil, die früher sowohl Taxi gefahren sind als auch ihre Zigaretten selbst gewuzelt haben, weil die sind's gewöhnt, dass sie mit den Knien lenken, um die Hände frei zu haben.

THOMAS:

Wir sehen hier, wie unser Pilot mit der Stablampe die Heckkennung des anderen Flugzeuges ausleuchtet und mit der anderen Hand ein Bild macht und somit den Luftraum sichert.

Wir haben uns aber auch Gedanken gemacht, wie man das Image des Eurofighters in Österreich verbessern könnte.

EINE SCHANZE FÜR DEN EUROFIGHTER

(Archivmaterial vom Mannschaftssprung-wettbewerb Skispringen wird gezeigt.)

VOICEOVER:
Ja, knisternde Spannung hier beim Mannschaftsbewerb in Obersdorf, ...

... wie gebannt blicken hier alle hinauf zur Schanze, wo sich gerade der Vierte im Bunde anschickt, zum entscheidenden, zum letzten Sprung anzusetzen. Große Aufregung, große Überraschung gab es hier bereits im Vorfeld, als bekannt wurde, dass heute erstmals ein Newcomer, ein zumindest im nordischen Skisport absoluter No-Name mit dieser Aufgabe betraut wurde, kurz vorm Start steht nun für Österreich der Eurofighter Typhoon I, ...

... und da kommt er auch schon, jetzt ist er in der Spur, jetzt ist er am Schanzentisch und ... hebt ab. Gute Haltung! Die Flügel vorbildlich abgespreizt. Und er geht weeeiiit, meine Damen und Herren, der geht weit.

125 Meter! Das reicht zwar nicht für Platz 1, aber zumindest ein persönlicher Rekord, denn so weit ist der Eurofighter noch nie geflogen.

Und damit zurück ins Studio.

Als Staatskünstler standen wir natürlich auch unter argwöhnischer Beobachtung. So musste beispielsweise der Pressesprecher des Milliardärs Martin Schlaff immer wieder unsere Vorstellungen im Rabenhof besuchen. Schließlich haben wir dafür gesorgt, dass er etwas von dort an seinen Chef rapportieren konnte.

DER AUSSERPARLAMENTARISCHE „WIR STAATSKÜNSTLER"-UNTERSUCHUNGSAUSSCHUSS MIT MARTIN SCHLAFF

THOMAS:
Heute von uns vorgeladen:
Martin Schlaff.

(Bild von Martin Schlaff wird gezeigt.)

Von Beruf, je nach Quelle: Investor, Netzwerker, Osthandelsexperte. In der Liste der reichsten Österreicher jedes Jahr verlässlich in den Top Ten, geschätztes Vermögen zwischen 1,5 und 3 Milliarden Euro. Und er hält den Rekord für die teuerste Scheidung Österreichs.

ROBERT:
Die war sogar teurer als die von Paul McCartney. Wahrscheinlich hat der Schlaff seinem Anwalt gesagt:

FLORIAN:
Ich zahl sicher mehr wie der! Ich will ja nicht dastehen wie so ein Beatle! Den könnt's meinentwegen für meine Scheidungsparty engagieren, dort soll er dann „Can't Buy Me Love" spielen!

THOMAS:
Außerdem war Martin Schlaff der letzte Zeuge vor dem parlamentarischen Untersuchungsausschuss. Den hat er betreten mit den Worten:

FLORIAN:
Guten Morgen, allerseits. Wie Sie sehen, bin ich da. Leider bin ich Mitbeschuldigter in einem Verfahren. Deshalb werde ich zu den Telekom-Ostgeschäften nichts sagen. Es wäre zeitökonomischer, die Befragung jetzt zu beenden.

THOMAS:
Und da muss man ehrlich sagen: Einen eleganteren Haufen hat kein Vorgeladener auf den Untersuchungsausschuss geschissen.

ROBERT:
Und selbstverständlich hat Herr Schlaff dann auch den Nachweis angetreten, dass es zeitökonomischer gewesen wäre, die Befragung gleich zu beenden. Er hat satte 70 Mal die Antwort verweigert.

FLORIAN:
Aber dort war er. Zwar nur, um die dort alle zu verorschen, aber er ist gekommen.

THOMAS:
Und da hätten wir natürlich gehofft, er kommt zu uns auch, und wir schaun halt, wer beim Verorschen gewinnt.

ROBERT:
Schade. Vor allem weil wir schon wieder à la Clint Eastwood mit einem leeren Sessel reden müssen.

THOMAS:
Stellvertretend für Herrn Schlaff, der ja seine ersten paar Millionen noch als biederer DDR-Import-Export-Kaufmann gemacht hat, hier ein Formgussstuhl aus Fertigung des VEB-Plaste-und-Elaste-Kombinats Karl-Marx-Stadt, aufgeputzt mit einem Hauch sauteurem Herrenparfüm.

FLORIAN:
Herr Schlaff, Sie haben einen bulgarischen Mobilfunkbetreiber, den die Telekom kaufen wollte, um 800 Millionen Euro gekauft und kurz darauf um 1,6 Milliarden Euro an die Telekom weiterverklopft.

THOMAS:
Handelsspanne 800 Mille: Respekt.

ROBERT:
Die Justiz argwöhnt seither, Sie hätten die Telekom mehrfach über den Tisch gezogen. Uns erinnert Ihr Vorgehen eher an die Jagdtechnik des Vielfraßes, ein Tier, das sich zuerst in den Anus seiner Opfer verbeißt, um sie von dort aus bei lebendigem Leib langsam innen auszuhöhlen. Bei der Telekom sind Sie auf diese Art zügig bis ins Hirn vorgedrungen, wie unser „Dokument der Woche" beweist.

THOMAS:
Wir haben hier den Wirtschaftsprüfungsbericht über den Verkauf einer weißrussischen Mobilfunkfirma an die zur Telekom gehörende Mobilkom Austria.

> Wir haben festgestellt, dass der Vertrag zwischen der mobilkom austria und der Holdenhurst Holding, ebenso wie die zugehörige Bestellung, rückdatiert wurde.
>
> Es wurde festgestellt, dass Martin Schlaff nahe stehende Unternehmen gegenüber der mobilkom austria sowohl als Berater, wie auch ab einem späteren Zeitpunkt der Transaktion, als Verkäufer bei der Akquisition in Weißrussland aufgetreten sind.
>
> Die weitere Verwendung von Zahlungen an die Holdenhurst Holding im Rahmen der von uns geprüften Akquisition konnten wir im Rahmen unserer Prüfungshandlungen nicht feststellen, da uns die Buchhaltungsdaten des untersuchten Beratungsunternehmens nicht vorliegen.

FLORIAN *(liest vor)*:
Es wurde festgestellt, dass Martin Schlaff nahestehende Unternehmen gegenüber der Mobilkom Austria sowohl als Berater wie auch, ab einem späteren Zeitpunkt der Transaktion, als Verkäufer aufgetreten sind.

ROBERT:
Herr Schlaff, neh'ma amal an, Sie wollen den alten Skoda vom Thomas Maurer kaufen. Zugegeben, ein gewagtes Beispiel, aber andererseits: Den Skoda vom Maurer brauchen Sie genauso dringend wie die Telekom den weißrussischen Mobilfunk-Schas.

FLORIAN:
Der Skoda vom Maurer hat zwar schon 300.000 Kilometer, aber zum Unterschied vom weißrussischen Mobilfunk-Schas macht er keine 300 Millionen Defizit im Jahr.

ROBERT:
Jetzt werden Sie sagen: „Ja, ich will den Skoda vom Maurer kaufen, aber wie mache ich das? Da brauche ich einen Berater."

FLORIAN:
Unser Tipp: Sie nehmen als Berater jenen Mann, der sich beim Skoda vom Thomas Maurer wirklich auskennt, nämlich den Thomas Maurer.

THOMAS:
Und ich würd das glatt machen. Gegen ein entsprechendes Beraterhonorar sag ich Ihnen, wie Sie das Auto am günstigsten von mir bekommen.

ROBERT:
Natürlich, man könnt jetzt nachschauen den Listenwert, aber damit werden Sie beim Maurer nix ausrichten. Für den hat das Auto einen sentimentalen Wert, da sind die Kinder drin groß worden, da hat sein Hund hineingespieben, also unter 100.000 Euro wird Ihnen der Maurer den Skoda nicht geben.

THOMAS:
Allerdings kenn ich den Thomas Maurer recht gut, und als Ihr Berater trau ich mir zu, dass ich ihn ein bissl runterhandel. Vorschlag: Sie zahlen mir 50.000 Euro Beraterhonorar, und dafür drück ich den Maurer von 100.000 auf 90.000 Euro runter. Da hätt' ma alle was davon, hm? Der Verkäufer, der Berater, Sie, weil Sie den Skoda kriegen, und der Skoda, weil er der Hydraulikpresse noch einmal von der Zuladegabel gesprungen ist.

ROBERT:
Außerdem ist der Maurer als Geschäftspartner einmal für Sie was anderes, neben den ganzen Fettaugen auf der österreichischen Politik-Suppe oder den russischen Mafia-Paten, mit denen Sie sonst Geschäfte machen.

FLORIAN:
In Bulgarien haben Sie ja so einem Typen auch einen Mobilfunk abgekauft. Wo lernt man russische Mafia-Paten eigentlich kennen? Stehen die im

Branchenverzeichnis? Unter Gangster oder Schwerverbrecher?

THOMAS:
Gibt's da Online-Kontaktbörsen? oligarchendating.com? online-strizzi.at?

ROBERT:
Moment, werden Sie sagen, wenn man den ganzen Tag Hundstrümmerln aufhebt, heißt das nicht, dass man selber einen Hund hat.

FLORIAN:
Herr Schlaff, wir werden es nicht wagen, Ihren untadeligen Ruf infrage zu stellen. Das überlassen wir anderen.

THOMAS:
Wir habe da noch eine Extra-Überraschung für Sie: ein zweites „Dokument der Woche".

ROBERT:
Dass wir in Österreich eine Neidgesellschaft haben, die über Erfolgreiche schlecht redet, ist allgemein bekannt. In Amerika ist das ganz anders, da wird Leistung noch anerkannt. Zum Beispiel hier in diesem Schreiben der amerikanischen Botschaft an Interpol Wien:

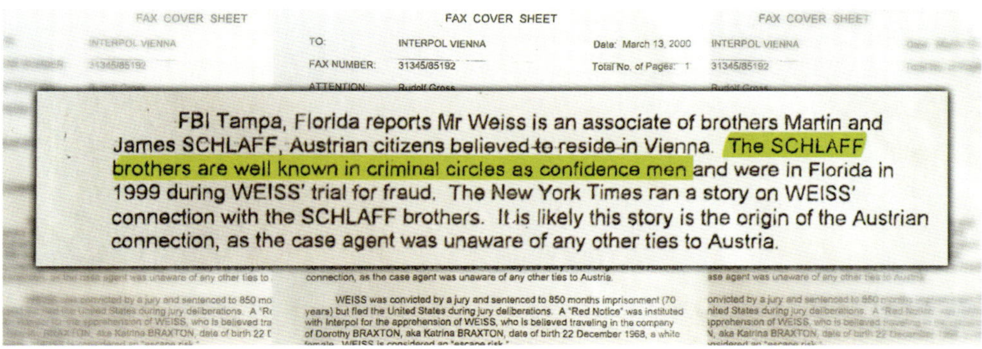
FAX COVER SHEET

TO: INTERPOL VIENNA   Date: March 13, 2000
FAX NUMBER: 31345/85192   Total No. of Pages: 1
ATTENTION: Rudolf Gross

FBI Tampa, Florida reports Mr Weiss is an associate of brothers Martin and James SCHLAFF, Austrian citizens believed to reside in Vienna. The SCHLAFF brothers are well known in criminal circles as confidence men and were in Florida in 1999 during WEISS' trial for fraud. The New York Times ran a story on WEISS' connection with the SCHLAFF brothers. It is likely this story is the origin of the Austrian connection, as the case agent was unaware of any other ties to Austria.

WEISS was convicted by a jury and sentenced to 850 months imprisonment (70 years) but fled the United States during jury deliberations. A "Red Notice" was instituted with Interpol for the apprehension of WEISS, who is believed traveling in the company of Dorothy BRAXTON, aka Katrina BRAXTON, date of birth 22 December 1968, a white female. WEISS is considered an "escape risk."

FLORIAN:

Da wird ein Report des FBI Florida zitiert. Über Sie und Ihren Bruder heißt es darin: „The Schlaff Brothers are well known in criminal circles as confidence men."

THOMAS:

Übersetzt also: Die Schlaff-Brüder sind in kriminellen Kreisen bekannt als – und da hamma kurz nachschlagen müssen: „Confidence man" heißt nicht, wie man annehmen könnte, „vertrauenswürdige Person", sondern „Hochstapler, Schwindler, Trickbetrüger, Bauernfänger".

ROBERT:

Apropos, bei der Telefonüberwachung Karl-Heinz Grassers sind auch ein paar Gespräche mit Ihnen abgehört worden.

THOMAS:

Wir haben uns gefragt, was Sie mit dem Grasser geredet haben?

FLORIAN:

Vielleicht wollte der Grasser wissen, wie man behördlich anerkannter „confidence man" wird?

THOMAS:

Lass ma's gut sein. Immerhin hat er bei uns nicht weniger ausgesagt als vor dem parlamentarischen U-Ausschuss.

Zur Frage, ob Satire etwas bewirken kann, brachte unser Besuch in der ungarischen Botschaft verblüffende Erkenntnisse.

GEFÄHRLICHE WITZE

ROBERT:
Wir sind hier in der ungarischen Botschaft. Hier sitzen wir mit Seiner Exzellenz, dem Botschafter von Ungarn. Seinen Nachnamen kann keiner von uns dreien aussprechen. Wenn ich Sie bitten dürfte, Exzellenz, Ihren Nachnamen selber zu sagen.

UNGARISCHER BOTSCHAFTER:
Szalay-Bobrovniczky.

THOMAS:
Geht ja eh. So schwer ist es nicht.

FLORIAN:
Wir haben ein spezielles Anliegen, Exzellenz. Wir sind offizielle Staatskünstler in Österreich. Was müssten wir denn tun, um offizielle Staatskünstler in Ungarn zu werden?

UNGARISCHER BOTSCHAFTER:
Was muss man tun, um Schauspieler zu werden, oder was?

FLORIAN:
Na ja, in der ungarischen Verfassung steht, es wird Kunst gefördert und sie soll christlich-nationale Gesinnung transportieren. Was müssten wir da tun?

UNGARISCHER BOTSCHAFTER:
Na ja, gute Frage. Ich mein, die Kunst ist natürlich frei. Also wenn Sie Künstler werden wollen in Ungarn, müssen Sie nicht christlich-katholisch eingestellt sein.

THOMAS:
Nicht nur frei, sondern eventuell dann auch subventionsfrei. Sonst hätte man es ja gar nicht in die Verfassung schreiben müssen.

UNGARISCHER BOTSCHAFTER:
Na ja, aber die Verfassung ist eine philosophische Angelegenheit in manchen Bereichen. Sie drückt das aus, was der Staat im Prinzip den Menschen sagen möchte.

THOMAS:
Ja, aber eine Verfassung hat ja auch einen Gesetzescharakter, sonst wär sie ja keine. Das ist ja kein philosophischer Erguss, weil das könnte man ja als Taschenbuch veröffentlichen oder als Zeitungsartikel, sondern das hat ja eine juristische Bedeutung, ein Verfassungsgesetz.

UNGARISCHER BOTSCHAFTER:
Ja, aber ich sag trotzdem, dass die Kunst in Ungarn frei ist und vom Staat gefördert wird.

FLORIAN:
Uns Staatskünstlern geht es immer auch darum, die Grenzen der Kunst auszuloten. Und da gibt es seit 1. Juli 2013 ein Gesetz in Ungarn, wo wir ein bisschen ratlos sind, wie das genau gemeint ist. Es geht darum, dass man sich nicht mehr über die Stephanskrone lustig machen darf. Uns als Staatskünstler reizt das natürlich. Wir haben hier ein Modell der Stephanskrone mitgebracht und würden das gerne mit Ihnen klären. Wäre diese, leider nicht sehr gelungene Nachbildung eigentlich schon Verhöhnung der Stephanskrone? Wenn Sie sich das anschauen.

UNGARISCHER BOTSCHAFTER:
Ich kann das nicht beurteilen. Also da bin ich jetzt ein bisschen überfragt, also ...

THOMAS:
War das vorher ein notorisches Problem? Gab's da so eine Verbrechenswelle systematischer Kronenverhöhnung?

UNGARISCHER BOTSCHAFTER:
Nein, nein. Ich würde das nicht als vordringliches Problem von Ungarn ...

FLORIAN:
Man kann aber bis zu ein Jahr Haft in Ungarn dafür bekommen, wenn man Witze über die Stephanskrone macht.

UNGARISCHER BOTSCHAFTER:
Ja, aber ich ... ich würde Sie dafür nicht verurteilen, wenn Sie so ein ... Ich bin aber kein Richter.

FLORIAN:
Wir sind hier auf exterritorialem Gebiet.

UNGARISCHER BOTSCHAFTER:
Sie sind in Ungarn jetzt.

FLORIAN:
Das heißt, wenn ich jetzt ... so mache.

(Er setzt sich die Krone schief auf.)

Wäre eigentlich schon Verhöhnung der Krone, oder?

ROBERT:
Ist das jetzt schon eine Verhöhnung?

UNGARISCHER BOTSCHAFTER:
Nein, ich glaube nicht. Ich glaube nicht.

ROBERT:
Der Herr Orbán hat dafür gesorgt, dass die Krone aus einem Museum ins Parlament gebracht wird.

UNGARISCHER BOTSCHAFTER:
Richtig. Noch in seiner ersten Regierungsperiode.

THOMAS:
Jetzt werden Kronen aber traditionell nicht als Symbole des Parlamentarismus verstanden. In den meisten Weltgegenden.

UNGARISCHER BOTSCHAFTER:
Das war nicht der Grund.

ROBERT:
Deswegen fragen wir.

UNGARISCHER BOTSCHAFTER:
Die Frage ist berechtigt, ist eine gute Frage. Ich sage dazu, die Entscheidung hat dazu verholfen, dass die Krone von zigmal mehr Menschen angeschaut wird im Parlament, weil das Parlament selbst von zigmal mehr Menschen angeschaut wird als das Nationalmuseum. Das ist die Wahrheit, aber eine der ungarischen Kronen, das ist die sogenannte Bocskai-Krone, die liegt in der Schatzkammer, die ist in Österreich und wird nicht zurückgegeben. Sag ich nur.

ROBERT:
Eine Frechheit! Vielleicht kann man da mal drüber reden. Wir werden da so nett empfangen ...

THOMAS:
Wir geben sie zurück und dann schauen wir mal, wie lange es dauert, bis es jemandem auffällt.

ROBERT:
Der Florian ist hier in Ungarn, verhöhnt gerade die Stephanskrone und nichts passiert ihm.

(zu Florian:)
Mach mal so: Ähähäh …

THOMAS:
Wir haben auch herausgefunden, die Original-Stephanskrone ist ja gar nicht die echte. Die echte hat der Papst Silvester an den Stephan geschickt und die ist dann verlorengegangen.

FLORIAN:
In Österreich.

UNGARISCHER BOTSCHAFTER:
Nein!

FLORIAN:
Doch.

THOMAS:
Eure ist eine Imitation. Eine Imitation aus dem 12. Jahrhundert. Die echte ist weg.

FLORIAN:
Die echte steht womöglich in einem Wirtshaus in Oberösterreich zwischen den Kegelpokalen und keiner merkt es.

ROBERT:
Oder wurde auf Kaffeelöffel umgearbeitet. Man weiß es nicht.

THOMAS:
Verstehen Sie persönlich, dass die Krone diesen Schutz benötigt, vor dem Verspottetwerden? Es muss ja irgendein Bedarf bestanden haben, dieses Gesetz ist ja neu geschaffen worden und in der Verfassung verankert. Das ist ja nicht nichts.

UNGARISCHER BOTSCHAFTER:
Das ist schon richtig. Aber wie schon gesagt, wir, das heißt Ungarn und Österreich, betrachten die Geschichte unterschiedlich. Sie blicken auf Ihre Geschichte anders zurück als wir das tun.

FLORIAN:
Die Ära Schüssel zum Beispiel. Das Verarbeiten der Ära Orbán, das kommt bei euch erst noch.

UNGARISCHER BOTSCHAFTER:
Ja … äh … ich mein, die Ära Schüssel, ich mein, das wollen wir nicht verarbeiten, die Ära Schüssel.

FLORIAN:
Das heißt, wenn jemand in Haft geschickt würde wegen Verhöhnung der Krone, würden Sie sich einsetzen, dass er wieder freikommt.

THOMAS:
Halt! Wirf sie nicht runter!

FLORIAN:
Nimm du's.

(Er wirft die Krone Robert zu.)

ROBERT:
Also wenn ich jetzt hier, auf ungarischem Territorium zum Beispiel so mache: „Blöde Stephanskrone, nanananana!" Dann gehör ich eigentlich jetzt in' Häfn. Würden Sie sich dann für mich einsetzen? So auf die Art: „Lasst's den Trottel frei, das ist ein österreichischer Kabarettist, der hat einen an der Klatsche"?

UNGARISCHER BOTSCHAFTER:
Sie haben es selbst gesagt: „Lasst's den Trottel frei". Also, das hab ich nicht gesagt.

THOMAS:
Das ist eigentlich ein wunderschönes Schlusswort.

ROBERT:
Ich danke Ihnen, Exzellenz.

Nach der Ausstrahlung dieses Beitrages wurde im ungarischen Parlament eine Sondersitzung einberufen und der Botschafter in Wien ging schlussendlich seines Jobs verlustig. Wir wurden von fanatischen Orbán-Anhängern mit Drohungen überhäuft. Vielleicht erklärt das, warum wir uns später mit Sicherheitsfragen an den Uhudler-Orbán Hans Niessl gewandt haben, der in seinem letzten Wahlkampf eine Videoüberwachung des Burgenlandes ankündigte.

SICHER NICHT, NICHT SICHER

FLORIAN:
Wir befinden uns hier an einem der gefährlichsten Orte Österreichs: Kittsee im Burgenland. Dieser Ort ist derartig gefährlich, dass Hans Niessl hier eine eigene Videoüberwachung für die gesamte Ortschaft einführen will.

THOMAS:
Wir Staatskünstler wollen ihm dabei helfen. Denn wir sind …

ROBERT:
Das Überwachungsteam Niessl! Und unsere Devise lautet:

(Alle drei im Chor:)
Sicher nicht,
nicht sicher!

(Die drei Staatskünstler in roten Jacken mit der Aufschrift „Sicherheitsteam Niessl" beginnen, Passanten im Ortsgebiet aufzuhalten.)

ROBERT *(zu einem Passanten)*:
Wir möchten nur kurz Ihren Fingerabdruck scannen. Einfach nur den Daumen ...

PASSANT:
Ich bin aber kein Gauner.

THOMAS:
Das sagen die Gauner aber auch.

ROBERT:
Das werden wir jetzt gleich wissen, gell.

FLORIAN:
Für die DNA-Probe bitte das einmal kurz in den Mund nehmen, bitte.
Danke.

ROBERT:
Ich hoffe, Sie fühlen sich jetzt sicherer.

PASSANT:
Nein, eigentlich nicht. Ich wohn da hinten beim Spital, da geht jeden Tag wer her, der wohnt im Altersheim, der brunzt alle Tage bei mir an die Mauer.

FLORIAN:
Entschuldigen Sie, können Sie uns da bei der Aufklärung helfen? Wenn Sie von diesen Brunzflecken eventuell eine kleine Probe nehmen würden und einschicken könnten ...

THOMAS:
Dann können wir ihn identifizieren.

FLORIAN:
Einfach an „Sicherheitsteam Niessl", ja?

PASSANT:
Ihr könnt euch das ja anschauen.
Das ist so ein Fleck.

FLORIAN:
Okay.

PASSANT:
Weil ich hab keine Zeit, ich muss weiter.

ROBERT:
Dankeschön.

PASSANT:
Vielleicht bewegt ihr da etwas.

(Die Staatskünstler halten eine Radfahrerin auf.)

FLORIAN:
Team Videoüberwachung Niessl.
Woher kommen Sie?

PASSANTIN:
Von Kittsee.

FLORIAN:
Wohin fahren Sie?

PASSANTIN:
Hauptplatz.

FLORIAN:
Und wo waren Sie heute um 10.20 Uhr?

PASSANTIN:
Zu Hause.

ROBERT:
Fingerabdruck bitte, wenn Sie so freundlich wären.

PASSANTIN:
Nein.

ROBERT:
Wieso nicht?

PASSANTIN:
Auf was hinauf soll ich den Fingerabdruck abgeben?

ROBERT:
Wegen der Sicherheit.

FLORIAN:
Kittsee wird jetzt videoüberwacht vom Team Niessl. Und das ist jetzt Teil der neuen Sicherheitsvorkehrungen.

ROBERT:
Wenn Sie nichts zu verbergen haben, wieso bekomm ich dann keinen Fingerabdruck?

PASSANTIN:
Sicher nicht. Nein.

FLORIAN:
Sie müssen nicht, aber das wird halt registriert. Das muss Ihnen bewusst sein.

THOMAS:
Gilt dann als verweigert.

ROBERT:
Den Namen bitte.

PASSANTIN:
Ich mein ...

ROBERT:
Ich hätte nur gern Ihren Namen.

PASSANTIN:
Ich finde das nicht okay. Ich mein, ich muss einmal gefragt werden, ob ich überhaupt gefilmt werden darf.

ROBERT:
Nein, filmen dürfen wir Sie. Wir sind das Überwachungsteam.

FLORIAN:
Das ist auf Anordnung des Landeshauptmanns. Ganz Kittsee ist jetzt videoüberwacht. Daran werden Sie sich gewöhnen müssen, dass Sie gefilmt werden.

PASSANTIN:
Ja, das ist ja schön, aber ...

FLORIAN:
Na, da müssen Sie sich beim Herrn Landeshauptmann beschweren. Wenn Sie nicht gefilmt werden wollen, dann müssen Sie dem Herrn Landeshauptmann sagen: „Ich will nicht am Videoüberwachungsprojekt in Kittsee teilnehmen."

THOMAS:
Aber Sie werden es ihm auch erklären müssen.

ROBERT:
Wissen Sie, was der Bürgermeister von New York letztens gesagt hat? Die Bronx darf nicht Kittsee werden. Das sagt doch eigentlich alles, oder?
Ich wünsche Ihnen noch einen schönen Tag. Ich hab Sie auf jeden Fall registriert, das ist Ihnen klar? Schauen Sie, Sie müssen es sich irgendwann einmal überlegen, ob Sie auf der Seite der Einbrecher stehen oder auf der Seite der Bürger.

FLORIAN:
Ja, der Landeshauptmann hat sich entschieden, auf welcher Seite er steht.

ROBERT:
Also Fingerabdruck und vielleicht eine DNA-Probe. Mehr brauchen wir nicht.

PASSANTIN:
Ich hab kein Problem.

ROBERT:
Kein Problem? Gut, dann einmal ganz kurz den Mund aufmachen. So. Dankeschön. Jetzt die Eprouvette, dann können wir den Schnelltest machen.

THOMAS:
Machen wir den gleich.

PASSANTIN:
Da fürchte ich mich nicht.

ROBERT:
Nein, nein. Das passt schon.
Danke, alles in Ordnung.
Was soll das? Wieso führen Sie sich so auf, wenn eh alles in Ordnung ist?
Bitte geben Sie mir jetzt Ihren Fingerabdruck noch.
Zehn Sekunden da draufhalten und dann ist alles in Ordnung.

PASSANTIN:
Aber wie gesagt, ich fühl mich irgendwie überfallen, weil ...

ROBERT:
Geschwister sind nicht hier?

PASSANTIN:
Nein, ich bin von Deutschland und von meiner Seite ist niemand da.

FLORIAN *(zu Robert)*:
Ah, entschuldige, da hättest du aber Ausländer eingeben müssen.

ROBERT:
Ah, das war mein Fehler.

PASSANTIN:
Ich bin österreichische Staatsbürgerin.

FLORIAN:
Ah, Sie sind Staatsbürgerin.

PASSANTIN:
Ich bin seit 1980 da.

ROBERT:
Ja, das heißt nichts. Schauen Sie, wenn eine Kuh in einer Garage geboren wird, wird sie auch kein Auto.

PASSANTIN:
Nein.

ROBERT:
Gut. Ich wünsche noch einen schönen Tag.

PASSANTIN:
Ich euch auch.

FLORIAN:
Dankeschön.

FLORIAN:
Grüß Gott, bitte das einmal noch kurz in den Mund nehmen. Dankeschön. Ich habe noch folgende Bitte: Hätten Sie vor, in den nächsten Tagen eine längere Reise zu machen?

AUTOFAHRER:
Nein.

FLORIAN:
Nicht?

ROBERT:
Also falls Sie Kittsee verlassen, bitte informieren Sie den Landeshauptmann. Vielen Dank für Ihre Kooperation.

(Alle drei im Chor:)
Sicher nicht, nicht sicher.

(Die Staatskünstler vor einem Gebäude am Ufer des Neusiedlersees. Drinnen wird gerade eine Pressekonferenz von Landeshauptmann Hans Niessl abgehalten.)

FLORIAN:
Wir wollen jetzt natürlich schauen, ob er selber, der Landeshauptmann, auch sicher ist. Als Sicherung dient ihm dieses Schild:

(Zeigt auf das Schild „Kein Zutritt“:)

Wir sind der Meinung:
zu wenig!

THOMAS:
Herr Landeshauptmann, wir kommen direkt aus Kittsee, wo wir eine kleine Videoüberwachung durchgeführt haben, und die Menschen waren sehr zufrieden. Die waren aber auch bereit, sogar Fingerabdrücke und DNA-Proben abzugeben. Das wäre dann unsere Frage: Ist Ihnen da das Burgenland schon einen Schritt voraus?

ROBERT:
Könnten wir nicht einen Schritt weitergehen und neben der Videoüberwachung gleich einmal DNA-Proben nehmen und Fingerabdrücke?

HANS NIESSL:
Wenn Sie das wollen, machen Sie das.

ROBERT:
Die Bürger wären bereit. Wir haben sogar eine Initiative für Sie gegründet, die heißt „Sicher nicht, nicht sicher". Also wir können uns gerne drüber unterhalten, ob Sie das ...

THOMAS:
Die Jacken bekommen Sie von uns rechtefrei.

HANS NIESSL:
Wunderbar.

FLORIAN:
Ich muss dazu sagen, ich fühle mich schon ein bisschen sicherer, weil ich jetzt in Ihrer Nähe bin. Sag ich ganz ehrlich.

HANS NIESSL:
Das ist perfekt.

THOMAS:
Wir haben so wenig Kameras in Kittsee gesehen, ist das schon fertig videoüberwacht?

HANS NIESSL:
Das müssen Sie das Innenministerium fragen.

THOMAS:
Aber das ist ja Ihr Wahlkampfthema.

HANS NIESSL:
Tschuldigung, das Innenministerium ist zuständig für solche Dinge.

ROBERT:
Haben Sie da vielleicht einen Kontakt für uns? Einen persönlichen Kontakt, dass wir uns ein bisschen leichter tun.

HANS NIESSL:
Die kenn ich nicht persönlich.

THOMAS:
Aber auf jeden Fall, die Bürger in Kittsee unterstützen Ihren Kurs voll, das wollten wir nur sagen. Toi, toi, toi.

HANS NIESSL:
Sonst hätten wir es ja nicht gemacht.

ROBERT:
Na ja, natürlich.

THOMAS:
Oft weiß man es vorher nicht
in der Demokratie ...

HANS NIESSL:
Sehr lieb, danke.

(Alle drei im Chor:)
Sicher nicht,
nicht sicher.

Die Affäre um antisemitische Texte in Liederbüchern deutschnationaler Verbindungen und der seitens der FPÖ behauptete Wille zur diesbezüglichen Aufarbeitung haben auch uns inspiriert.

ENTNAZIFIZIERTE NAZI-LIEDER

FLORIAN:
Silentium Kameraden! Ich begrüße euch zum Arbeitskreis „Entnazifizierte Nazilieder". Tut weh, muss sein. Erstes Thema: „Die alten Germanen". Geht so nicht mehr!

THOMAS:
Na geh! Ich hab das immer so gern gehabt.

FLORIAN:
Die Melodie bleibt erhalten, aber der Text gehört mit Rücksicht auf unsere Regierungskoalition der patriotischen Erneuerung äh, ... erneuert. Haben wir da schon Vorschläge?

ROBERT:
Ja! Die Mutti hat ma dabei g'holfen:
Es sitzen die neuen Germanen
In Heer und Polizei
Sie sitzen auf fetten Posten
Und sind putzmunter dabei
Drum sitzen auch neue Germanen
Demnächst im BVA
Und fahnden nach Extremisten
Noch viele, viele Jahr
Nach linkslinken Grünen und Sozis
Nach Islamisten gar
Nach fast jeder Art Extremisten
Noch viele, viele Jahr

FLORIAN:
Tadellos! Wer hat das „Zittern der morschen Knochen" übernommen?

THOMAS:
Ich! Also:
Es zittert der morsche Rotfunk
Erkläret uns nimmer den Krieg
Wir haben den Schrecken gebrochen
Für uns war's ein großer Sieg

Wir werden weiter regieren
Bis blau es vom Bildschirm quillt
Denn heute gehört uns der Wrabetz
Und morgen die Zeit im Bild

FLORIAN:
Famos! Das O in ORF wird bald für Ostmark stehen. Ich hab auch etwas vorbereitet: *(Er teilt Zettel aus.)*

ROBERT:
Moment! Ein Slawe?

FLORIAN:
Was?

ROBERT:
Musik: Horst Wessely?!

FLORIAN:
Musik: Horst-Wessel-Lied!

THOMAS:
Da hab ich eine Fleißaufgabe gemacht und hab auch hierfür einen Vorschlag:
Die Brücken hoch
Geldbörsen dicht geschlossen
EU gibt jetzt
Die Neger einen Tritt

Im Schlauchboot mit oder auch
Ohne Taucherflossen
Saufen sie ab und ihre Fratzen mit

ROBERT:
Nein, nein, das geht nicht.
Das geht nicht, sonst heißt es wieder,
wir sind ding und auch ding!

THOMAS:
Ah, wegen ding.

FLORIAN:
Mein Herren! Es gilt dieser neue Text.
Ab heute wird zurückgesungen.

ROBERT, THOMAS UND FLORIAN:
Wir sind die einz'gen
Echten Demokraten
Weil halt nur wir
Des Volkes Stimme sind

Und wer das anders sieht,
Dem möchten wir nur raten
Rasch zu kapieren, dass Protestieren
Nix bringt

Des Volkes Zorn
Und auch des Volkes Ängste
Verwalten wir
Mit ruhig fester Hand
Die Polizei kriegt Stuten oder aber Hengste
Und sorgt für Ruh
In unser'm schönen Land

Wir Volk, wir woll'n
Nicht Kopftuch tragen müssen
Viele von uns
Sind so schon schiach genug
Gutmensch hat leiheider kein
Völkisches Gewissen
Aber scheißan: Weil jetzt sind wir am Zug!
Aber scheißan: Weil jetzt sind wir am Zug!

Faszinierenderweise hat der Name „Staatskünstler" auch als Idioten-Test funktioniert und wurde von manchen tatsächlich ernst genommen. Wir haben uns die Frage gestellt, ob es im echten Leben vielleicht wirklich so etwas wie „Staatskünstler" geben könnte.

DIE WAHREN STAATSKÜNSTLER

ROBERT:
Der Hansi Hinterseer wird nicht nur vom ORF subventioniert, sondern auch mit 350.000 Euro von der Gemeinde Kitzbühel für seine Hansi-Hinterseer-Fan-Wanderung. Da ist er mit Fans zu einem Bergsee gewandert, also Bergsee, mehr so ein Reservekanister für die Schneekanonen, hat sich auf ein Floß gestellt und ein paar Lieder gesungen.

THOMAS:
Für nächstes Jahr wollte er 500.000 Euro haben. Das hat die Gemeinde wegen der Bauern nicht machen können. Weil die sonst auch jeder 100.000 Euro haben hätten wollen, mit dem Argument, dass bei ihnen auch jede Menge Rindviecher auf die Alm getrieben werden.

ROBERT:
Aber der Hansi hat gesagt: Um 350.000 mach ich es euch nicht mehr.

FLORIAN *(als Barbara Rett)*:
Willkommen bei „Kultur im Gespräch". Heute zu Gast: Hansi Hinterseer. Herr Hinterseer, der Volksliebling als Staatskünstler am Subventionstropf; ein Vorwurf, mit dem Sie leben können?

ROBERT *(als Hansi Hinterseer)*:
Bärig! Schaun Sie, Frau Rett, meine ästhetische Strategie war ja immer schon die affirmative Subversion. Und das werkimmanente absurde Moment der Transformation des Wertlosen ins Hochbezahlte kann ja nur dann wirkungsmächtig werden, wenn die Geldbeträge, um die es geht, einfach jenseits von Gut und Böse sind. Da seh ich mich kunstgeschichtlich in einer Linie mit meinen lieben Freunden Jeff Koons und Damien Hirst.

FLORIAN *(als Barbara Rett)*:
Die aber ... beide ... nicht singen.

ROBERT *(als Hansi Hinterseer)*:
Singen kannst du's bei mir ja auch nicht nennen. Bei meiner Performance ist es ja immer gegen tradierte ideologische Konstrukte wie Talent, Handwerk und Authentizität gegangen.

FLORIAN *(als Barbara Rett)*:
Also bewusst anti-elitär ...

ROBERT *(als Hansi Hinterseer)*:
Genau. Um die Massen anzugreifen, muss ich mich ja ihrer bedienen! Über des han i oft mit dem Schlingensief diskutiert. Christoph, han i gesagt, wos bist du konservativ! Du willst der Bourgeoisie a Watschen geben! Aber des is äußerlich, des tut kurz weh, dann is vorbei. Ich hingegen kreul ihr bis ins Mark. Mi wirscht nimma los! I bin koa Watschen nit, i bin die Gicht!

THOMAS:
Klassisches Staatskünstlerschicksal beim Hansi. Er spielt seine wahren Absichten zweimal über die Bande, und zwar so, dass es keiner mehr merken kann. Und er schätzt die Wirkung seines Werkes auch falsch ein.

FLORIAN *(als Barbara Rett)*:
Thomas Maurer, spitzzüngiger Kommentator des Zeitgeschehens ...,

THOMAS:
Jetzt hört's auf mit der Nummer, ich will was sagen!

FLORIAN *(als Barbara Rett)*:
... lebt und arbeitet in Wien.

ROBERT *(als Hansi Hinterseer)*:
Jo, Babsi, holt's amal zam, i mecht scho hörn, was er sagen will.

THOMAS:
Jetzt Schmäh ohne: Staatskünstler werden oft missverstanden! Früher hat man das mit den Kindern gemacht. Wenn der Bub zehn Jahre alt g'worden ist, hat man ihm eine Marlboro in den Mund g'steckt, damit es ihm graust und er nie zum Rauchen anfangt. So war's gedacht. Aber leider sind doch viele auf den Geschmack gekommen und haben den Eltern für den Rest der Pubertät das Geldbörsel ausgeräumt, um sich Tschick zu kaufen. Und das werfe ich dir, lieber Hansi, bei aller Wertschätzung für deine Arbeit, auch vor. Dass du in diese Falle gegangen bist. Dein Publikum speibt ja nicht aus der Gondel, wenn's zu Tal fährt, und stürmt dann Plattenläden, um sich mit Bach-Kantaten einzudecken. Nein! Sie kaufen erst recht deinen Dreck.

ROBERT *(als Hansi Hinterseer)*:
Ja, bohr nur in meinen Wunden, du Oaschloch!

FLORIAN *(als Barbara Rett)*:
Somit also Hansi Hinterseer in der Traditionslinie Thomas Bernhards.

THOMAS UND ROBERT *(empört)*:
Na bitte! Flo, jetzt is genug!

FLORIAN:
Nein, ernsthaft! Was hat Thomas Bernhard bewirkt!?

ROBERT:
Na ja ... bewirkt ...

FLORIAN:
Ich sag euch, was er bewirkt hat: Er hat HC Strache dazu gebracht, ins Burgtheater zu gehen.

ROBERT:
No, immerhin!

THOMAS:
War wahrscheinlich ein Double-Feature. Zum ersten und zum letzten Mal.

FLORIAN:
Am 4.11.88 ist der damals 19 Jahre alte HC Strache ins Burgtheater zur Premiere von Thomas Bernhards „Heldenplatz“ gegangen.

THOMAS:
Aber auch nur, weil er sich gedacht hat *(als Strache)*: Heldenplatz!? Da ist sicher super was los. Beim ersten Mal war ich noch nicht auf der Welt, aber jetzt bin i dabei.

ROBERT:
Ich glaub, der wollt einfach auch einmal außerhalb eines Fußballplatzes „Buh!“ schreien.

THOMAS:
Das hat ihm so gefallen, dass es ihn bis heute geprägt hat: einfach von außen laut eineplärren, pöbeln und reinrülpsen! Und sagt einer „Gusch!“ oder „Schleich di!“, kann man sich noch immer darüber aufregen, dass man ausgegrenzt wird!

FLORIAN:
Für die Schauspieler gibt's eine klassische Methode, sich zu wehren: Schreit einer ununterbrochen blöd rein, dann holt man ihn auf die Bühne, sagt: „Bitte, mach du.“ Dann wartet man höflich, bis er sich dort zum Trottel gemacht hat, und schickt ihn dann komplett blamiert wieder runter.

THOMAS:
Das hat der Schüssel im 2000er-Jahr mit der FPÖ auch probiert. Nach dem Motto: So, werd's sehen, ich hol die in die Regierung, da gibt's was zum Lachen.

ROBERT:
Womit er nicht gerechnet hat, war, dass die ihm währenddesssen das Bühnenbild g'fladert und die Abendkassa ausgeräumt haben.

FLORIAN:
Auf jeden Fall hat der Bernhard mit der „Heldenplatz“-Premiere den Strache dauerhaft inspiriert.

THOMAS:
Ja ... Wenn der für den Abend noch Karten für den Bruce-Lee-Film im Abbazia-Kino bekommen hätt, wär der nie in die Politik gangen.

FLORIAN:
Dann wär halt der Vilimsky FPÖ-Chef geworden oder der Küssel oder der Jeannée oder der Hund vom Vilimsky, völlig wurscht, 25 Prozent hätten's so oder so.

THOMAS:
Der Strache hat sein politisches Erweckungserlebnis also bei „Heldenplatz“ im Burgtheater gehabt, weil er sich dort so richtig empören konnte.

ROBERT:
Aber Frage: WAS hat ihn so empört?

(Robert beginnt aus „Heldenplatz" vorzulesen:)
Diese sogenannten Sozialisten die schon ein halbes Jahrhundert keine Sozialisten mehr sind. Sind ja die eigentlichen Totengräber dieses Österreich. Das ist ja das Erschreckende und tagtäglich Ekelhafte, die Sozialisten sind heute die Ausbeuter. Die Sozialisten haben Österreich auf dem Gewissen. Die Sozialisten sind die Totengräber dieses Staates. Die Sozialisten, die keine Sozialisten sind, sind die eigentlichen Verbrecher an diesem Staat. Dagegen ist ja dieses katholische Gesindel geradezu unerheblich. Wenn es heute in Österreich wieder fast nur Nationalsozialisten gibt, so sind daran nur die Sozialisten schuld.

(Allgemeine Ratlosigkeit. Plötzlich schlüpft Florian wieder in die Rolle von Barbara Rett.)

FLORIAN *(als Barbara Rett)*:
HC Strache, spitzzüngiger Kommentator des Zeitgeschehens, heute zu Gast bei „Kultur im Gespräch". Was hat Sie damals bei der Premiere von „Heldenplatz" eigentlich so empört?

THOMAS *(als HC Strache)*:
Liebe Frau Rett, lassen Sie mich zu Beginn mit einem weitverbreiteten Irrtum aufräumen. Ich bin dort hingegangen, um einem Herrn Bernhard und einem Herrn Peymann beizustehen, gegen die gröhlenden Horden des österreichischen Ungeistes. Empört hat mich allerdings – als eingefleischten Sozialdemokraten, der ich immer war und immer sein werde –, jene Stelle, an der die österreichische Sozialdemokratie so scharf angegriffen wird.

FLORIAN *(als Barbara Rett)*:
Eine Aussage, die überrascht. HC Strache im tiefsten Herzen ein glühender Sozialdemokrat. Aber glauben Sie nicht, dass Bernhard seine Abrechnung mit dem Sozialismus als bewusste Provokation verstanden hat?

THOMAS *(als HC Strache)*:
Dass ich da dem unvergleichlichen Übertreibungsvirtuosen Thomas Bernhard auf den ästhetischen Leim gegangen bin, das hat mich, nachdem ich es einmal begriffen hatte, tief berührt. Und diese Erfahrung ist bis heute der Antrieb meiner eigenen Arbeit als Staatskünstler.

FLORIAN *(als Barbara Rett)*:
HC Strache, ein Staatskünstler? Inwiefern?

THOMAS *(als HC Strache)*:
Insofern, als ich persönlich vom Staat Österreich mit 208.390 Euro pro Jahr subventioniert werde. Das klingt jetzt nicht nach viel, aber ähnlich wie der große Claus Peymann benötige auch ich zum Umsetzen meines künstlerischen Konzeptes ein Ensemble. Bei ihm war es das Burgtheater, bei mir ist es die FPÖ, die vom Staat jedes Jahr mit mehrstelligen Millionenbeträgen am Leben gehalten wird.

FLORIAN *(als Barbara Rett)*:
So viel zum Staat. Wo bleibt die Kunst?

THOMAS *(als HC Strache)*:
Ich habe eine Lehre aus diesem Thomas-Bernhard-Abend gezogen. Wenn man in diesem, unter dem fettigen Filz der Gemütlichkeitsdebilität erstickenden Land noch etwas bewirken kann, dann nur durch rücksichtslose Übertreibung und groteske Zuspitzung. Dass mir dabei die Rolle zugefallen ist, dieses zutiefst ekelerregende Österreichische in eigener Person zu verkörpern, ist der Preis, den ich zu zahlen habe. Ein Opfer, das ich aber als Künstler und Sozialdemokrat gerne bringe.

FLORIAN *(als Barbara Rett)*:
HC Strache – ein aktionistischer Übertreibungskünstler?

THOMAS *(als HC Strache)*:
Durchaus, Frau Rett, durchaus.

FLORIAN *(als Barbara Rett)*:
Sehen Sie sich hier in einer Linie mit dem kürzlich ebenfalls hier zu Gast gewesenen Hansi Hinterseer?

THOMAS *(als HC Strache)*:
Schaun Sie, der Hansi ist ein wichtiger Künstler und ein lieber Mensch, aber wir haben da oft und oft gestritten. „Hansi", habe ich gesagt, „du bist einfach dermaßen konservativ! Dein Ansatz ist viel zu klein gedacht, du erschöpfst dich im Ästhetischen! Du, Hansi, sagst, du bist die Gicht, aber die Gicht kann man heilen. Ich bin eine Autoimmunerkrankung. Mich bringt man nimmer an."

ROBERT:
Lieber HC, bei aller Wertschätzung deiner künstlerischen Arbeit ...

Okay, ich geb zu, du bist in die Abgründe der österreichischen Seele eingetaucht und hast ihre Krebsgeschwüre ans Licht gezerrt. Ja. Nur: Na und? Jetzt liegen's offen umadum, ma steigt bei jedem zweiten Schritt hinein und miachtln fangen's a scho an. Und kommt deshalb ein reinigendes Gewitter? Naa! Also für was das Ganze? HC, wie oft noch: Nicht alles, was oasch ist, ist deswegen auch super.

THOMAS *(als HC Strache)*:
Ja, bohr nur in meinen Wunden, du Oaschloch!

In unserer Signation haben wir immer behauptet, der damalige Bundespräsident Heinz Fischer hätte uns als Staatskünstler angelobt. Das war natürlich geschwindelt. Aber dass uns Heinz Fischer das nicht übel genommen hat und uns bei einem späteren Termin sogar zu „Staatskünstlern auf Lebenszeit" ernannt hat, das ist wirklich geschehen.

ANGELOBUNG DURCH HEINZ FISCHER

DIE STAATSKÜNSTLER:
Herr Bundespräsident a. D., Dr. Fischer, wir sind von großer Ungewissheit geplagt, ob uns je wieder ein Bundespräsident angeloben wird. Jetzt hätten wir eine Bitte: Da Sie uns ja einst als Staatskünstler angelobt haben, könnten Sie uns vielleicht für die Lebensdauer als Staatskünstler verlängern?

HEINZ FISCHER:
Aber ihr seid doch völlig unersetzbar, schlicht und einfach! Also ich könnte mich ja zurückversetzen und mach das per Handschlag. Aber da müsst's aufstehen! Und in die Augen schauen! Und ... Ausgemacht. Und dass ma schön brav seid's und mir keine Schande macht's. Und die Leute müssen happy sein mit euch.

DIE STAATSKÜNSTLER:
Und das ist jetzt rechtsverbindlich?

FISCHER:
Darauf könnt's euch verlassen!

WIR STAATSKÜNSTLER LIVE — WEITERE INFOS:
www.wirstaatskünstler.at
www.facebook.com/wirstaatskuenstler/

Abseits der Staatskunst sind Florian Scheuba, Thomas Maurer und Robert Palfrader auch in anderen Konstellationen und als Solisten sehr aktiv, wofür sie mit zahlreichen Preisen ausgezeichnet wurden.

WEITERE INFOS UNTER:
www.florianscheuba.com
www.thomasmaurer.at
www.robertpalfrader.at